跟任何人都聊得来

吉林文史出版社
JILINWENSHICHUBANSHE

图书在版编目（CIP）数据

跟任何人都聊得来 / 焦庆锋主编 . -- 长春 : 吉林文史出版社 , 2019.6（2024.9 重印）

ISBN 978-7-5472-5964-1

Ⅰ . ①跟… Ⅱ . ①焦… Ⅲ . ①心理交往－语言艺术－通俗读物 Ⅳ . ① C912.11-49

中国版本图书馆 CIP 数据核字 (2019) 第 030791 号

跟任何人都聊得来

GEN RENHE REN DOU LIAO DE LAI

主　　编 / 焦庆锋
选题策划 / 文文姐姐
责任编辑 / 孙建军　董　芳
出版发行 / 吉林文史出版社有限责任公司
网　　址 / www.jlws.com.cn
版式设计 / 晴晨时代
印　　刷 / 三河市祥达印刷包装有限公司
版　　次 / 2019 年 6 月第 1 版　　2024 年 9 月第 4 次印刷
开　　本 / 880mm × 1230mm　1/32
字　　数 / 75 千字
印　　张 / 5
书　　号 / ISBN 978-7-5472-5964-1
定　　价 / 29.80 元

前言

你身边有没有这样的人？他一开口就令人如沐春风，大家都乐于跟他讲话，也愿意把有价值的信息分享给他。遇到困难时，大伙也倾向于找他帮忙或是倾诉。总之，他是大家眼里公认的情商高的人。

口才，确实是当今社会非常重要的一项必备技能，口才好的人更容易成功，这是有目共睹的事实，口才好的人走到哪里都很吃香。嘴巴是表达人类思想的一种方式，也是人与人交流的利器。嘴巴甜的人也会有好人缘，领导赏识，同事爱戴，工作如鱼得水，升职加薪就比较容易，这样的人没有不成功的道理。当然，这也是有前提的，口才好的同时品行人格也一定要好。有这样一句话："一人之辩，重于九鼎之宝，三寸之舌，强于百万之师。"当今社会，良好的口才能够让我们在社交中脱颖而出，成为"万人迷"；良好的口才能够让我们在家庭矛盾中消除对立，让一家人和谐融洽……

有一个美女选择了既不是最帅，也不是最有钱的男友作为结婚对象。但为什么是他呢？美女的解释很简单："因为他最能让我笑！"原来这个男子是以幽默的口才赢得了美人芳心，笑出婚姻，确实精彩。

职场上同样如此。“一个人的成功，约有15%取决于知识和技术,85%取决于沟通技巧和综合素质。”可见会说话有多么重要!

怎么说？说什么？这是有技巧的。这本书将告诉你用什么样的语言最能打动人心，让你一开口就能吸引到别人，从而实现成功交友、高效成事。书中诸多生动的案例教你在什么场合说什么话，不管是职场谈判还是朋友间对话，都能让你游刃有余，成为众人瞩目的焦点。

目录 Content

目录 Content

目录
Content

目录 Content

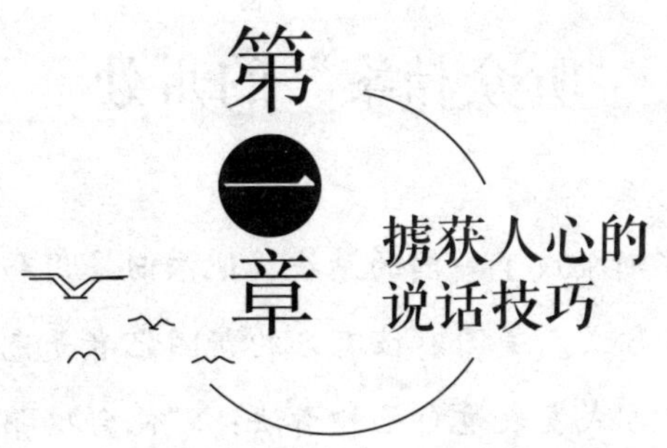

第一章 掳获人心的说话技巧

学会倾听，是每一个人都应该学会的技巧；学会赞美他人，是与朋友相处时保持心情愉悦的基础；学会委婉地批评他人，是在顾及他人感受的情况下，帮助他人改正自己不良行为习惯时必须具备的本领。与人交谈时要使谈话顺畅，我们就得懂得如何不踩他人雷区，学会说话的艺术。

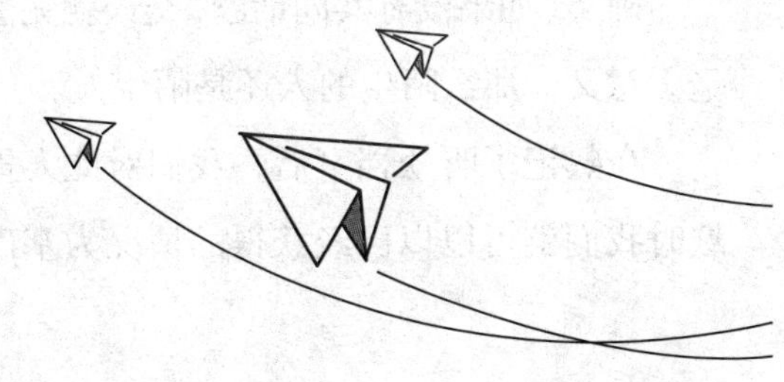

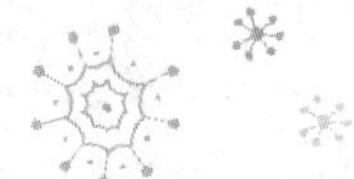

“听众档案”的用处

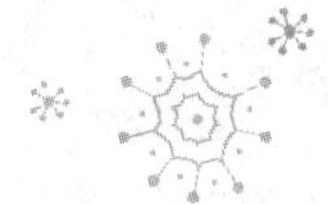

1933年，罗斯福成了美国的总统，他依旧采用和陌生人“一见如故”的交流方式。美国有位有名的新闻记者麦克逊，他以前对罗斯福的交流方式发表过自己的看法：“他会把即将见面的每个人的所有情况都摸索得一清二楚。大部分人都乐于听赞美的话，我们只要稍稍称赞，就会使他们觉得你非常了解他们，而且记忆深刻。”

为什么罗斯福可以对每个面谈的人都“一清二楚”呢？因为他有提前建立的“听众档案”。这个理念最早是由德洛丽丝教授提出的，是指关于我们的对话者的一些基本情况。罗斯福会提前熟记每个拜访者的一些情况，等到交谈的时候，这些就派上用场了。罗斯福会根据已经知道的情况，提出恰当的话题，然后不知不觉间就拉近了相互之间的距离。

德洛丽丝说：“听众档案是个很有价值的朋友，只有充分了解它，它才能发挥一定的效用。”使用听众档案，可以使我们在与人交谈的时候很轻松地找到双方都在意的话题。

确实，如果没有共同话题，交谈就无法聚焦，天马行空地讲话，毫无意义，那么陌生的人还是陌生人。

在熟记了听众档案后，我们对此人肯定还有不知道的方面。这时我们就可以以已经获得的情况为基础，有目的地去问些问题来填补空缺，这样就可以避免尴尬。例如，在商业聚会上，你旁边座位上被安排的是个陌生人，你就可以先向他提出问题："请问您是拉莫斯的老同学，还是老同事？"不管前后问话里哪一个是正确的，你都可以根据正确的方向交流下去；即使都是错的，对方表明自己是"老乡"后，那也可以从这方面继续交谈下去。

有些人乐于讨论社会情况，面对这一类人，可以选些正热的社会话题，那是最好的选择了。照常理来说，这类人都喜欢把自己的看法传达给别人听。如果我们此时再稍稍赞美一下对方，比如"你对社会了解得真多！""你的分析真的好到位！"等，那他们就会很容易被我们的"敬佩"之情而俘虏。

在剖析听众档案时，我们可能会认识到这样一类人，他们忌讳的事很多，也很敏感，这个不想交谈，那个不乐意多说。和这些人聊天，似乎不知道怎么开始，但是，我们依旧要去找到关键的突破口，从而撬开他们的嘴巴。

从各自的日常工作里找话题。如果职业一样，就可以聊聊工作经历。就算职业不同，那也能勾起对方对新领域的好奇心，然后再从双方的经历中找话题拓展开。经历是宝贵的财富，凡是自己亲身经历的人或事，印象都会很深刻，这样的交流方式最容易打开心门，见到真情。还可以从各自对未来的计划里找到话题，没有人不在乎自己的未来，前程和命运是永久的话题。人生如果没有前进的目标，生活就会失去色彩，所以在这方面的话题很容易让对方有所感触。

从家庭情况找话聊。聊家庭不代表啰嗦无趣，每个家庭都是社会的个体，家庭生活和谐快乐是每个人所期望的。这种谈话无须提前准备，无论何时都可以谈，只要你是个有独立思想的人，你就可以从中看到很多的人生哲思。

从孩子的教育问题上找话题。孩子是爸妈生活里非常重要的一部分，如何教育孩子是所有家长共同关心的话题。爱子、关心孩子是所有家长的相同点，说到孩子，就算是非常不健谈的人也会神色飞扬。

所以，你希望在与人初次见面的时候可以顺畅自在地交谈下去的话，就要找准话题，预先建立听众档案是很重要的。

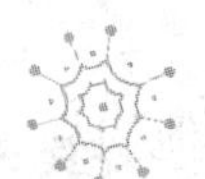

以诚感人，言谈真挚俘人心

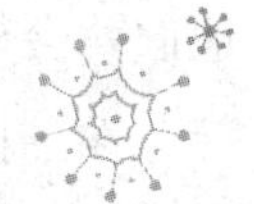

美国一位职业培训专家史蒂文·布朗提出了一个在沟通学界无人不晓的“布朗定律”。

布朗定律就是只要你发现了那扇可以走进对方心房的门，你就可以多次利用这扇门进入对方心里其他的门。然而，在人与人的交往中，最关键的门就是真诚。

一个一年多没能找到工作的妇女，总算在某高级珠宝店里谋了份差事，当了那里的售货员。圣诞节前夕，一位衣衫褴褛、一身土气、行为古怪的男子来到店里，并用他贪婪的目光看着珠宝，还四处打转。

电话铃突然响了，妇女拿起电话，却同时意外地打翻了装戒指的碟子，六枚精致耀眼的金戒指散落到地上，她急忙拾起了五枚，却怎么也看不到最后一枚的影子。

此时，她发现那个行为怪异的男子正准备走出店门，她马上意识到戒指可能在他那里。

当男子的脚快要踏出店门时，女人温和地叫住了他："抱歉，先生！"

"怎么了？"他回问，他的表情有些扭曲。

"怎么了？"他又问了一遍。

"我和我丈夫都下岗一年多了，前几天好不容易才找到了这份工作。现在赚钱真的很不容易，对吗？"女人神情暗淡地说道。

男子盯着她看了很久，最终，一丝害羞的笑出现在他的脸上："确实，你说的不错呢！"

他又说道："不过我觉得你在这里一定可以越来越好。"说完这句话，他向她靠近了一步，向她伸出手，"我能和你握个手，传达我真挚的祝福吗？"

然后，他回身，慢步走出了门。

女人看着他的身影消失后，回到柜台前，把手里最后一枚戒指放进了碟子。

这个女人没有破口大骂，没有厉声苛责，更没有无情羞辱，就轻轻松松地拿回了男人偷去的最后一枚戒指。其关键就是女人真挚的言语撼动了那人的心，真挚在这里超过了所有的技巧。就像林肯曾在一次竞选演讲中所说："你可以在一段时间里蒙骗所有人，也可以一直蒙骗部分人，但是无法在任何时候蒙骗任何人。"

某校老校长在结业典礼上讲到"真诚"时，他说道："一个说话言之无物，只知道堆砌华丽辞藻的人，是结不出果实的。少了真诚而炙热的情感，只有“机器模式”的感情，即使能愚弄听众的耳朵，也不可能打动他们的心。然而只要演讲者真情流露，语气温和，那他所说的每一句话都会是动人心魄的。”

我们身处的社会太浮躁，不信任充斥在人们的心里。这种情况的诱因之一可能是只知道耍嘴皮子的人太多。这类人很明显的特征就是嘴里讲的和心里想的全然不同，光看表面他们温顺无害，其内心依然自我。嘴上说的和心里想的截然不同的人，是一个戴着虚伪面具的人，为了不让别人知道自己真实的想法就会用谎言来遮盖，这样的人就是虚伪的人。

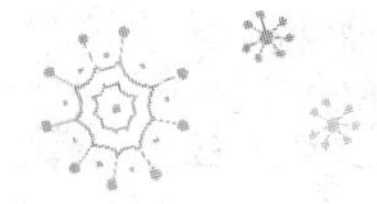

多说暖心话

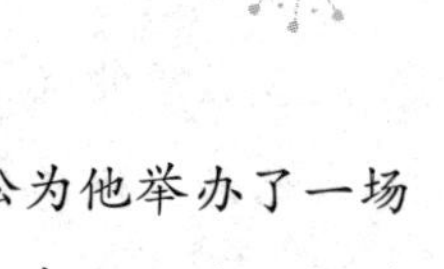

1960 年，法国总统戴高乐探访美国，尼克松为他举办了一场宴会，尼克松夫人特意摆了一个漂亮的鲜花台，夺人眼球的鲜花环衬着一个高雅的喷泉。

聪明的戴高乐将军一下子就明白了女主人在借此表达她热烈的欢迎，于是便毫不犹豫地称赞道：“女主人能把宴会办得如此井井有条，一定花了很多时间和精力来布置吧？”尼克松夫人听了很是欢喜。事后，她说：“大部分来探访的有头有脸的人物不是没注意到，就是不乐意为这些道个谢，但是他每次都会想到和提及别人。”

人是有相似的地方的，但若想有共鸣，还得具备一些说话技巧。

世界探险家埃尔默说：“你即将遇见的人，有75%是希望被认同和理解的，给予他们认同和理解，他们马上就会喜欢你。”确实，明白对方的境遇，或认同对方的想法，都可以缩短双方之间的距离，把温暖传达给对方。就像戴高乐将军可以换位思考，考虑到尼克松夫人的感受，他真心地赞美让他在总统夫人心里留下了一个好印象。

心理学家杰奎琳在一个讲座里给观众举了些能说明“暖心话在人们互相交流过程中很重要”的例子。他说，与陌生人交谈的第一步就是要用语言来“套近乎”。这是交际场中与陌生人、长辈、领导等拉近距离的高效方法。

杰奎琳说了这样一个故事：

汤姆·强森是二战结束后的一个退伍青年，他在战场上伤了一条腿，而且伤痕累累。幸运的是，他依旧可以享受他最爱的活动——游泳。

一个周末，他在海滩度假。简单地做完冲浪运动后，汤姆躺在沙滩上享受阳光。突然他注意到周围的人都在看他，以前他没因为他腿上的疤痕而不自在，但是现在，他明白这条腿很显眼。

紧接的一个周末，汤姆新认识的朋友——杰森建议到海滩玩，但汤姆没答应，他只想待在家里。杰森说：“我知道你为什么不愿意去海滩，你开始在意你腿上的疤痕了。”

“我没有否认我朋友说的话。”汤姆说，“后来他跟我讲了一些我永生难忘的话，这让我很高兴。他说：'汤姆，留在你腿上的疤痕象征着你的勇敢，你的伤疤是你的荣耀。别想着把它隐藏起来，你要记住它们的由来，而且是自豪地和它们在一起，好了，走吧，我们游泳去。'"

汤姆·强森说，杰森的话让他拨开云雾见到了青天，后来他们俩成了非常要好的朋友。

无论置身何处，如果想和某人变得熟络，套近乎会是最快捷、最有效的手段。不论是名声大噪的人物，还是默默无闻的小市民，都不会讨厌别人对自己说夸奖的话，总而言之，想俘获对方的心，就得说暖心话。

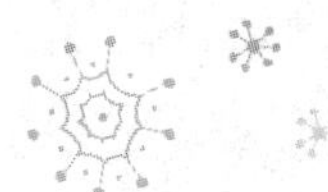

不要吝啬你的怜悯

偶尔遇到不幸的人会积极地找你讲话，其实他们是渴望你能够给他们一些怜悯或慰藉。你不能对他们表现出不耐烦或者讨厌的情绪，相反，你要主动地去理解他们，并且要让你的话能透露出你的怜悯与理解。其实大多数人都是需要怜悯的。没有人是生来成功的，成功的人都是经历了千难万险，度过了异常艰苦的日子才有了光彩照人的生活。在与他们交谈时，你得让他们感受到你对他们悲惨遭遇的怜悯和理解。这样，他们会认为你是站在他们这边的，也就不会排斥你了。有人说过，在我们未来认识的人中，有 75%的人希望得到怜悯。给她们怜悯，才能拥有他们的喜爱。

胡洛克在美国是一位享有盛誉的音乐经纪人。几十年来，他都在跟夏里亚宾·伊莎德拉和帕夫洛瓦这样闻名天下的大艺术家来往。胡洛克先生曾说：“在和这些情绪不稳定、脾气不小的明星艺术家交往过程中，他认识到的第一件事就是怜悯，面对他们那些荒诞的习性，更加需要怜悯。”

他曾给夏里亚宾做过 3 年的经纪人——夏里亚宾是最有影响力的男低音之一，他的音乐曾盛行大都会歌剧院。不过，他本人却有点“小问题”。他像一个娇宠的孩子，用夏洛克先生专有描述就是：他是无论哪方面都惹人头疼的人。

夏里亚宾在他有演唱的那个午间，给胡洛克先生打了一通电话：“胡洛克先生，我今天身体难受，我的嗓子跟一块没煮熟的碎牛肉饼一样，今天晚上的演出我不能登台了。”胡洛克先生的第一反应是和他吵架吗？不，并不是，他知道那是没用的，也是不对的。他是怎么做的呢？他立即赶往夏里亚宾住的旅馆，表现出他的同情心。他十分难过地说：“太可怜了，我的朋友，你现在的状态肯定不能表演，我即刻取消演唱会。虽然会失去一两千元，但这和你的嗓子比起来太微不足道了。”

此时，夏里亚宾深吐一口气说：“要不，你下午再来看看我吧，五点左右，看看我有没有好转。”

下午五点到了，胡洛克先生再次来到他的旅馆，依旧带着怜悯的神情，他又一次表明他要取消演唱会。夏里亚宾再次叹息说：“可能你得过一会儿再来瞧瞧我。我到时候可能会更好一点儿。”

又过了半小时，这位极具影响力的男低音决定上台表演了，他让胡洛克先生在表演开始前通知说，夏里亚宾得了风寒，嗓子很不舒服。胡洛克先生就假装答应，因为他明白，这是让这位有名而脾气古怪的男低音上台表演的唯一方法了。这个例子表明了怜悯的强大魔力。

亚瑟·盖茨博士在他撰写的《教育心理学》中提道：“没有人不期望得到怜悯……从某一方面讲，为实际或虚幻的不幸而‘自怜’，其实是一种在世界上普遍存在的现象。”所以，大方给出你的怜悯吧，这会让你获得别人的喜欢的！

把聚光灯照在别人身上

人们都乐意讲述自己的故事，当他们想和他人共享自己的想法、情绪和经验时，就会想要一位听众。这属于一种特别奇妙的自我欣赏的心境：有人听就很开心，有人乐于听就很感谢。

一个善于倾听的人在做事时会有好的成效。例如说，一个销售员在面对某一顾客时，能够真切关心顾客提出的所有问题，顾客就会非常高兴。接下来，就应该让顾客觉得自己是个好听众，这时，顾客会开始变得爱讲，同时喜欢让你听她讲，这是相互影响的关系，而这一关系是促进商榷谈判成功的首要条件。不管遇到哪类消费者，面对愿意听自己表达意愿的人时都会很有好感。

有人问，为什么上帝最初给人两只耳朵却只给一张嘴巴呢？——这是为了让人们自己少说话，转而多听别人说话。

美国一些科学家研究了一批受过同样培训的销售员，因为这批销售员虽然接受的培训相同，业绩却相差甚大。科学家把业绩排名前10%和最后10%的销售员推销时讲话时间的长短进行对比。

结果很有趣：业绩不佳的人累计说话时间有30多分钟；而业绩遥遥领先的人累计说话时间只有12分钟。那为何说的少反而业绩佳呢？其实很合理，他讲的少了，听的时间就多了。听得多了，自然就更了解顾客的需求和问题，就能够及时想出对应的法子去解决问题，当然，业绩也就更好了。如果你把生活当作一个舞台，你独自在舞台上演绎着角色，光芒只围绕你一人，其他的人都只是观众的话。那你就会变得越来越自我，而且永远都无法学会聆听，也没法了解别人。

知名沟通大师卡耐基在一场聚会上，结识了一位知名的植物学家。卡耐基以前不曾和植物学家打过交道，但是他被那位植物学家独具魅力的言语折服了，于是他安静地坐着，听着他讲述各种酷好和专长，他还特意给卡耐基讲述了关于马铃薯的一些鲜为人知的科学知识。

最后，因为自己家里养了些小花小草，卡耐基就悄悄向植物学家提了几个关于培植植物的问题，植物学家认真地回答了他的问题。聚会接近尾声，卡耐基离开前和大家辞别时，这位植物学家转身对主人赞美卡耐基，说：“卡耐基先生真是位极具魅力的沟通学家。”

我们在生活中特别容易犯一种错：一开始讲话就滔滔不绝，停不下来。实际上，这样是因小失大，话说得多了，不光自己累，还少了从他人身上汲取知识的时间，这完全不能怪人家小气，而是压根儿没给人家合适的机会。著名记者迈克逊说："不愿花心思去听对方讲话的，是被排斥的原因之一。大多数人，都会想自己下一句要说什么，而不会在意别人要说什么，要知道每个人都是喜欢那些乐意听自己讲话的人，极少喜欢总是自己说话的人。"

被誉为"世界第一保险推销员"的哈默里，是第一个在保险行业里声名大噪的人。他在与顾客谈生意的时候，多数时间都是认真倾听，而当顾客沉默不语的时候，他又会找尽各种话题来引导对方说话。就这样，哈默里在短短一年的时间里把自己的保险业绩做到了上千万美元。

想象一个场景，一堆朋友聚在一起聊天，但只有一个人在那里滔滔不绝，剩下的人只是一言不发地听着，这就会变成他个人的演讲台，让场上其余的人觉得难受和生气。千万不要自掘坟墓，你不仅要给别人有发言的机会，还要促使他们渴望说话，让人们乐意与你在一起。

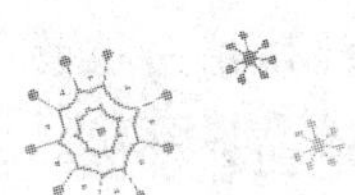

用闲聊促进友谊

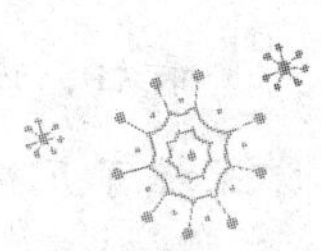

有些人一直觉得闲谈就是在浪费生命，哪知多数朋友的情谊是因"闲谈"才有的。实际上，有些人能够口若悬河，朋友遍天下，就是因为他们"闲谈"本领的登峰造极。

但就是有一部分人不乐意闲谈，他们认为“今天天气好吗”和“早饭吃过了吗”这类话语都是很无趣的。他们不关心，也耻于谈，他们从未觉得这类话题在交际过程中是起一定作用的。作用在哪里呢？它有加固朋友间友情的准备功效，相当于跑步前的热身运动。

谈话的第一句一般都是“闲谈”，说几句无关紧要的话，其实就是为了营造一个轻松舒适的环境。

“闲聊”式的开场白经常被使用，例如天气，因为天气与人们的生活息息相关。天气很棒，不如一同称赞；天气炎热，互诉衷肠也无伤大雅。若是台风暴雨或季节性流感，那就更能聊得起来了，人们都关心这类话题。

不管什么事都应该有个好的开场，即使交谈这样看似很小的事也不例外。

谈话最能显露出一个人的知识储备和文化水平。在平时，除了关注你感兴趣和对你很重要的问题外，你还需要多积累一些和他人“闲谈”的材料。这些材料要倾向于简单、幽默，要能够吸引他人。

天气话题用太多了想换换的时候，还可以用这些闲谈材料，例如，自己平日里遇到的搞笑往事，恐怖幽默故事，运动健身，身体状况，当时正火的新闻事件，等等。

和他人闲谈是人与人交谈里不可避免的步骤，但要小心的是，有些人在聊天时无法掌握说话的度，以至于脱口而出一些不经大脑的闲话，而这些话有时很凑巧会波及旁人的私事，说得过多就保不齐会伤害他人。

在人与人的交往中，人们判断一个人的品德和修养的关键因素，就是在交谈过程中从对方口中获得的信息，就算是非正式场合的交谈，也能把你暴露无遗。所以交谈过后人们就会决定是亲近还是远离这个人。

艾琳打算和她的朋友苏珊不再来往了，因为她无法忍受苏珊的坏习惯。

我时不时就会和苏珊在一起闲聊，照理说女人凑一起聊个天也没什么，但是苏珊老是在我面前搬弄别人的是非，而且还是些细枝末节的事，实在不想听。

记得一次，她对着我高谈阔论关于婚姻观，她说现在的小女孩都喜欢和大叔谈恋爱，她认为如果两人结婚了，是无法相互融入对方的世界的，隔阂太多，不可能幸福美满。虽然我明白她并不是在故意指责某个人，但当时我妹妹就是和一个大叔型的男人在恋爱，这点苏珊是知道的，她说那些话让我很难受。

所以我不想再和她有来往了，与其把时间浪费在听她数落别人，还不如和其他朋友聊些更有意义的话题。

在闲聊时想不得罪人的最好方法，就是要留意他人闲聊时大多数都有兴趣的话题，然后再开始讲话；不然就直接选择经济、娱乐、运动等不容易触碰雷区的话题。有一点要记住，在你讲话时，你要注意对方的神情动作，来鉴定你选择的话题合适与否，灵活变通。要尽量保持交谈的流畅，不要起争执，要是有矛盾的苗头出现，赶紧掐掉，另寻话题。

谨记，不要因闲聊中一些无心的话而弄丢了朋友。

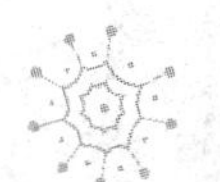

闲谈要躲避对方的“雷区”

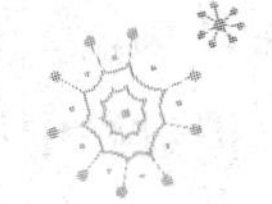

我们没有哪天是不需要与人交谈的，有私下的，也有公开场合的。很多时候我们就简单地认为与人交谈只要讲讲话就好了，但实际上，我们是在和对方的“要害”交流。所谓“要害”，就是对方不可触碰的雷区，就是会打击对方自信心的事和言语。

假设我们在一场交谈里，如果我们屡次让对方的内心受到打击，那谈话就不太能继续下去，进而自己也会变成让人讨厌的人。

沟通技法里，最考究的就是，人总得在某时某地某条件下生存和就业，在各种情况下，面对多种多样的人或事，我们说话做事就得从多个角度出发，才能避免踩到对方的雷区，才不会伤害到别人的内心。沟通大师克劳德说过这样一段话：“自得其乐，信口雌黄，想到什么说什么，一点不看他人脸色，这就是不会说话的表现。”

有人就喜欢颠来倒去地讲同一件事，也有人会把家喻户晓的笑话当作新颖的笑话。作为听者，这时候要忍耐一下。如果对方喋喋不休，自己又听得十分无聊，那就得潜移默化地把话题转移到对方擅长而且自己还很有兴趣的点上。

在交际场上，“见男人不谈钱，见女人不谈体”也就是说和男性交谈，不可以问对方的月收入、年收入、家庭存款、服装价格等比较隐私的问题；和女性交谈不能提及身材、保养好差等，对方避而不谈的问题不要刨根问底。一不留神聊到让对方不适的话题时，要立即道歉，并快速转移话题。与人交流时要试着忘记自我，不要不停地聊自己的生活，聊自己的儿女或工作等。在交流过程中尽量让别人多说，尝试着引导他们讲述自己的事；与此同时，要怀着一颗真诚的心去聆听对方的讲话。

说话尖酸刻薄的人，未必不懂自己的刻薄，只是依然喜欢这么做罢了，这种心理绝对是病态的。这样的行为也多是有原因的。

第一，这种人脑子里有点小聪明，有些自大，要是有人觉得他们不聪明，他们就会觉得是那人没眼光。

第二，这类人的自尊心很强，渴望得到别人的尊重，如果不受尊重就会心生怨气。

第三，怨气没有地方发泄的时候，他就会到处寻找可以让自己发泄的人或物。

千万不要觉得对方和自己要好，就肆无忌惮不尊重人。有时，我们无意间的一句话、一个动作都可能会伤及对方。所以，谨记这些交流中的雷区，远离他人的“要害”，是我们能够提升交谈能力的前提。

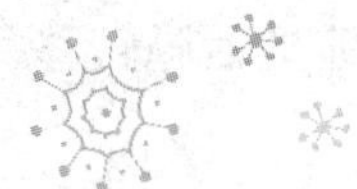

听与被听的艺术

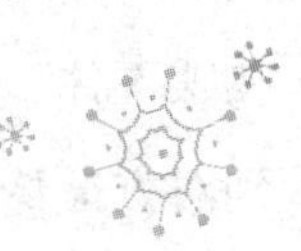

一位艺术教授曾说：“在一场动人心弦的演说里，听者与被听者之间似乎连一层薄膜也没有。因为，当演讲者与听者的心灵

产生共鸣的时候，你就会明白，他讲的是他们的心境，他们听的是他的秘密，他们与他是相互了解的。”

2007 年 2 月 10 日，美国参议员奥巴马郑重地接受了美国总统候选人提名，这使他成了美国首位黑色肤质的总统候选人。

奥巴马用他四十多分钟的演讲，在面向八万多位在场的听众时，他表明：他是一个与所有的美国选民无距离的人。

“抱着强烈的感激和深切的谦逊，我接纳大家的美国总统候选人提名。”他说，那些参加过伊拉克和阿富汗战争的老兵让他联想到自己有过二战经历的外公；那些学业繁重的孩子们让他想到了自己勤勤恳恳的母亲；那些在工作中备受排挤的女性则让他想到了自己的外婆。

“我懂你们的苦楚，今夜，我能在你们面前，是因为全美有一股浪潮在升起，那些否定我的人不懂，这次选举的主人公不是我，而是你们。”

此话一出，全场掌声如雷鸣，因为大家相信，他，奥巴马会和所有美国人一齐“战斗”。

确实，这便是心灵的共鸣。奥巴马的支持者和他自己一起演示了这种听与被听、二者合一的崇高境界。奥巴马讲出了选民们心底的渴求，而民众们也体会到了他声音里的激情，两者合一，相互燃烧，一同闪亮。

哈乐德在一次演讲中提过，有效的沟通在于演讲者能够把他要论证的东西变成听者的一部分，还要让听者成为演说的一部分。

因为人的精神是无法一直高度集中的，遇到听者不认真听的情况是很正常的，这时演讲者就要想法子拉回他们的注意了，否则演讲必定失败。

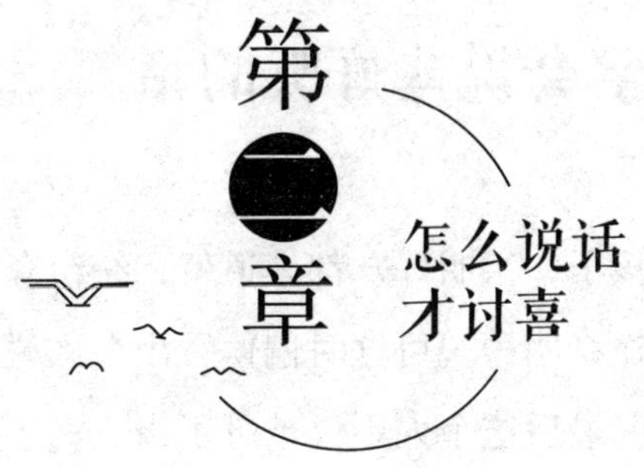

第二章 怎么说话才讨喜

在与人对话的过程中，要放低自己的姿态，多说些赞美的话，对方有什么缺点可以留到私下说，不要直接抨击对方。要求他人办事时，要提前把要求说完，以免事后后悔。

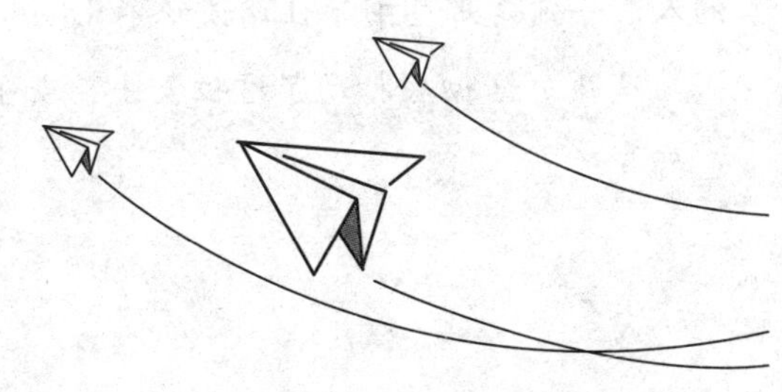

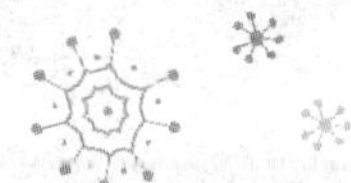

学会说些好听的话

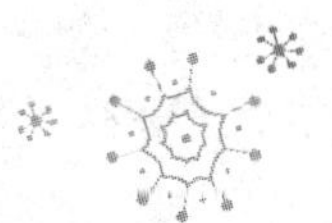

有户人家喜得孩子，亲朋好友都来道贺，纷纷夸赞孩子以后肯定大富大贵，前途光明……可这时偏偏冒出个人说：“孩子最后还是要死掉的。”最后这个人不仅被赶了出去，还挨了顿打。这种喜庆场合说这等丧气话，岂不是自找没趣吗？

人们都喜欢被赞美，女人希望被夸好看，男人喜欢被赞强大。喜欢听好话是人的本性。

一次，图书销售员探访一位高贵的女士，女士知道他是销售员后就特别排斥地说：“做你们这类工作的，就会说好听的话，我不感兴趣，你还是省省力气吧。”图书销售员微笑着说：“您说的没错，销售员确实喜欢说好话，但您这样如此独特的顾客却是我很少遇见的，很明显您是有自己想法，不容易被他人摆布的女士。”

女士听完后，脸色立马温和了许多，她又追问了一些问题，销售员耐心地做了回答。最后，他说：“您的言谈以及您对书籍的见解，着实让我震惊。我相信，在生活中，您一定是个爱读书的人。一定是那些书籍让您谈吐不凡。”

这几句话彻底打动了这位女士，女士决定再买些书来提升自己的气质。

没有人会讨厌被赞美的，但是不会赞美他人的人，却数不胜数。你没有必要去趋炎附势，但也不能出言不逊。赞美的话可以拉近人们的距离，显出你的个人教养。

有个女孩子在早上去上班的楼梯里遇见了共事的阮姐，见面问候后，女孩的装扮就被阮姐挑剔了一番："妈呀，你今天这个衣服和你这发型也太不搭了，看起来好奇怪。"结果，女孩一整天都没高兴起来。

如果你是那个女孩你还能开心起来吗？人们都喜欢听高兴的话，这样可以轻松一点。对于那些损话，会让人听着难受。

所以，多说说别人的优点，少提出别人的缺点，你要明白，只要是从你嘴里说出来的话，都会成为别人衡量你这个人的材料，人们可以从中发现你的教养与为人。

如果你对周围的人多说些好听的话，渐渐地你会发现，大家对你也是鼓励、友善的话居多，这样你的内心会变得强大，也许这会成为你日后做事能够积极向上的基石。

"你的衣服好好看啊！""你的领结让你看起来精神了许多！""你的头发看起来好柔顺呀！"诸如此类的话谁听了会不开心呢？

在平日里，别总是一本正经地用教育的语气说些自己认为是为对方好的话，实际上人家压根儿不在乎，还会给人留下自负的印象。还有，不要当着别人的面批评人，如果你有心帮忙，可以私下里提些中肯的建议。

别不好意思赞美别人，当你看到别人的笑脸时，你自己也会开心许多的。

如果大家都会说几句好听的话，一定可以改善朋友间的关系，解决一些不必要的冲突。

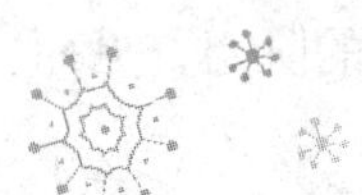

暗中赞美有奇效

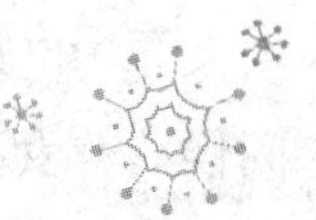

曾有一位人际关系大师说过：“人与人交朋友的润滑剂就是一份赞美与真诚。”如果你能恰如其分地赞美他人，就不容易招人讨厌。但如果你不懂得赞美的技能，往往会过度称赞，显得趋炎附势，让人生厌。

赞美别人是需要掌握个度的，那这个度在哪里呢？其实想赞美得恰到好处是很难的。实际上面对面地赞美往往容易显得居心不良，阿谀奉承。那有没有什么赞美方式让人打心底里高兴的呢？

情商高的人就会在私底下赞美，这种委婉的赞美方式不仅避免了面对面的局促，也扩大了赞美的力量。

一日，张经理气恼地对秘书林小姐说：“小林，咱们部的那个小王，脾气臭得要命，我实在忍不了，你帮我转告她，如果以后改不了，就早早走人吧。”秘书回答说：“好的，经理。”

那次以后，张经理又遇到小王的时候惊喜地发现，她现在变得又温柔又体贴，简直和之前的她判若两人。这样大的转变让他很疑惑，于是找来秘书问其缘故。

秘书笑着说：“经理，您可别怪我没按您的意思办事。”我跟王小姐说：“公司里好多人都夸你呢！特别是张经理，说你既温柔，又容易相处。她听得高兴了，自然脾气也好了许多。”

张经理知道后，对秘书大加赞赏，同时反省自己从前的做法。其实他不是没赞美过部下，但是效果都不佳，看来暗中赞美比当面的赞美更有用。

其实，林小姐就是采用了暗中赞美的技巧，假设有个人对你说某某跟我一直赞美你，你能不开心吗？不过，当面讲反而没了这样的作用，这样暗中的夸奖会让你相信他是真的在赞美你。

当面的赞美会让人觉得你是顾及自己的面子而客气一下，而通过第三个人转达的赞美则会让人觉得很真诚。所以要经常在第三方人面前称赞，这能让你获得他人的好感。

第一，暗中赞美是对他人的尊重。就算他并没有你讲的那么好，但是对你诚心地赞美，他是不会无动于衷的。

第二，暗中赞美可以看出你是个大度的人，心胸狭隘的人是不会给出一句赞美的话的。

综上所述，我们可以看到在暗中说他人好话是有很多好处的。同理而言，如果你在暗中说他人的坏话，则对当事人的打击也是巨大的，这会使他人的怒火加倍。所以，千万别在人后议论是非。

最后，还是要提醒所有人，最好不要在私底下议论他人，不论好话、坏话。因为议论的风险是巨大的，你不知道你的赞美到了别人嘴里，味道会变成什么样的。如果你确定那人就在隔壁听，那你就尽情说吧！

所以我们要尽量避免私下谈论他人，如果是逼不得已，就说些中肯的话。

交情尚浅时，不要把秘密和盘托出

在现实生活里，有很多人，为了让初识不久的人觉得自己是真心想和他们交朋友，就把自己的秘密脱口而出，可结果往往都很糟糕。

原本欢喜不已的小陈，在接了一通电话后脸色变得煞白。“小陈，你怎么不开心了？有什么事可以跟我说。”小陈抬头看到了于姐。

她心里此时很难受，忍着泪说：“没事，于姐，您还没回去呢？”

于姐叹息道：“回那个没有家的样子的家，还不如待在办公室里，还能找点事做。”

小陈看到人到中年的于姐如此惆怅，感触颇深，就说：“我们一起吃晚饭吧，我请。”

小陈今天生日，原想和男友一起吃饭，可是他太忙没答应。因此小陈心里很难受。

于姐听了倒没有很激动，很冷静地说了句：“我生日也常这样，男人就是这样的……”

小陈听后，有点惊讶。瞬间觉得自己和于姐是同病相怜的人。她怎么也没想到，自己不是独自忍受这些，原来身边就有和自己经历相似的人，一瞬间，小陈的泪水忍不住像滚珠般不停落下。

于姐关切地说：“别太难过了，有什么苦都跟我讲吧，都是过来人，我懂得。”

在于姐温和的安慰下，小陈把心里憋了多年的痛苦与秘密一下子全都倒了出来。小陈觉得在公司里能遇到这样一个知心的朋友，以后的日子不会再像这样难过了。

不久，小陈就感觉到公司同事时不时都用疑惑，甚至鄙视的眼光打量自己。直到有一天一个女同事偷偷问她：“你真的是小三吗？那男人是不是又有钱又帅……”

小陈的眼睛瞬间气得充血，立马气势汹汹地去找于姐，愤恨地问她：“你为什么要把我的事到处宣扬，你别忘了你也有把柄在我手里……”

于姐笑说：“你那么急干什么，又不是真的，当时就随便说了几句而已。”

小陈脸色惨白：“你跟我说的都是骗我的？”

于姐淡淡地来了句：“我不是看你太伤心了，所以说几句好话来安慰你嘛！”

孔子也曾说过：“你在不了解对方为人的时候，把自己的事和盘托出就是失言。”小陈误以为于姐是知心好友，结果秘密却被泄露，从此以后自己必须独自承受世人的蔑视。有人觉得她是罪有应得。究其原因，这其实是她不懂为人处世的后果。

其实贸然把自己的秘密和他人讲，即会置自己于危险境地，也会让别人尴尬。

首先，给自己带来危险不难理解，小陈的事就是很好的例子。

其次，就算听的人不坏，他们在听一个不熟的人讲自己很隐私的事时，他们会担心他是不是目的不纯，如果出了事，自己会不会被牵连，自己会不会有责任等问题。

所以为了自身的安全，以及他人的感受，我们要注意避免自己与他人在还不熟的时候有过于深入的聊天。这是一个懂得为人处世的成熟的人应该做到的。

多聊对方在意和自豪的事

不论和谁聊天，都可以多聊聊对方在意和自豪的事，这样可以迅速获得对方的好感。

柯达公司的奠基者伊斯曼捐款造音乐大教堂和戏院时，需要大量的座椅，因此很多座椅制造商都登门拜访想拿下这批大单，但最后都没能成功。优美座椅公司的经理亚当森知道很多人无功而返，但他依旧很有自信地去见伊斯曼。

秘书好心地提醒他："您进去后最好简洁快速地讲话，伊斯曼先生是个十分重视时间的人，祝您好运！"

亚当森谢过秘书就进了伊斯曼的办公室，伊斯曼正低头整理桌上的大堆文件，亚当森没有急忙打招呼，只是静静地打量着整个办公室。

过了会儿，伊斯曼看见了亚当森，略有埋怨地说："你有什么事呢？"

亚当森说："您好，我叫亚当森，是一个木工装修者，刚刚看了一圈您的办公室，装修得真精致。”

伊斯曼这才想起：“噢，您好，您是优美的负责人吧？让您久等了。这办公室是我自己设计的，一开始很喜欢，后来忙得都没时间好好欣赏了。”

亚当森往墙角走去，摸了摸木板，说：“这是英国的橡木吧？意大利产的不是这样的。”

“对，这是我托一个朋友带的。”伊斯曼高兴地站起身来。

看来伊斯曼今天心情不错，他开始带着亚当森参观起办公室来。

在听了伊斯曼细致的解说后，亚当森问道：“您的设计实在太惊人了，您是怎么想到的呢？”

于是伊斯曼又兴致勃勃地讲起了自己的灵感来源和思路。

然后，亚当森又问起了伊斯曼的一些经历，伊斯曼正在兴头上，就又讲起了少年时期遇到的苦难……

他们的谈话远远超过了 5 分钟，伊斯曼还邀请亚当森明天去他家，一起刷走廊上被晒掉色的椅子。从始至终两人都未提及生意上的合作事项。

但没过多久，亚当森便拿到了订单，也和伊斯曼成了好朋友。

亚当森能够成功地拿下这笔订单，不是说他多么能言善辩，而是他明白为人处世的原则，他知道要聊对方在意的事。亚当森一开始就从伊斯曼设计的办公室聊起，连连赞叹自然会使得伊斯曼的自尊心得到满足，这也让伊斯曼立马对亚当森产生了好感，这样美好的开端，还怕什么事办不成吗？

多聊对方在意和自豪的事，是懂得为人处世的方法，但很多人都乐于聊自己，这在人际交往中必然是一个心理弊端，但对交谈对象而言，又可以被称为是一个极好的心理突破口。你如何驾驭这一点，会成为你人际交往中成功与失败的关键。

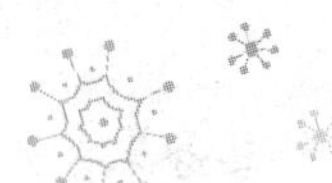

“预防针”要提前打

做人做事都要讲究诚信，认真。很多事都要事先打“预防针”，尤其是容易发生纷争的事，更要提前说明，这就是“打预防针”。

胡先生很高兴能从乡镇里搬出来，在城市里买了一套在第 18 层的房子，但有一处不足，他养的十几盆花一直无处安放。

胡先生爱花，但自家阳台朝北，不适合存放花，别处又没有地方放。有个朋友建议他定做个大花架，这样就可以解决问题了。胡先生觉得这是个好办法，那朋友还引荐了制作花架的梁师傅给他。

但花架做好后，胡先生怕花盆太重，花架会被压垮，掉下去砸到人，就一直没装。但是总拖着也不是个事，如果花架钉得足够牢固的话，也不必太担忧。

装花架那天，胡先生特意请假在家监看，老梁一看就是身经百战的老手，在 18 层的楼上也可以从容不迫地跨坐在窗口上，固定好花架的位置，把一个又一个钉子用电锤固定进墙面。老梁不一会儿就完工了。老梁完成后轻松地说：“好了，你以后放花盆没问题了。”

胡先生看着花架，不安地问：“这么快就好了？牢固吗？”说着还用力晃了晃花架。老梁挺了挺胸脯说：“那是自然牢固的，有问题你可以来找我。”

这时胡先生拿出一份纸笔说：“请你写个质量保证书吧，最后签个名。”老梁惊呆了，他以前从没写过这类保证书，但胡先生的表情又不像是开玩笑。

在老梁犹豫时，胡先生说：“你要是不写，就说明花架可能有问题，出了事我就得倒霉了。”老梁听了，一咬牙就答应写了。写完后想想又给花架多钉了几个钉子以求保险。

就算这样，胡先生还是很担忧，会不会老梁一开始没认真打，写了保证书后才认真的。早知道一开始就叫他写了，这样他还能更认真点。

把不中听的话在事前先提出来，给大家在心理上先打个“预防针”，这样大家在做事的时候就可以更加谨慎了，以免发生不必要的纠纷。例如内衣不可试穿，酒瓶不能开等条件事先交代，就可以避免顾客的尴尬又可以不损害商家的利益。

“预防针”类的话不一定就是丧气话，这是理性而有底线的话，在允诺别人一些事儿时，提前打好“预防针”，既给自己留有空间又给对方留有扭转的余地，有时间做更多准备或补救。

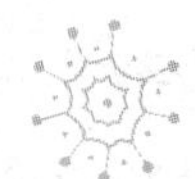

把话语中的“我”换成“我们”

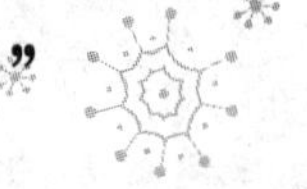

俗话说“姜还是老的辣”，老一辈们之所以看起来更精明，那是因为他们更在意细节，例如“我们”与“我”的差别。

孩子在想要某物时说的都是“这个是我的”“我……”他们的世界是以自我为中心的。而成年人如果还总是“我……，我……，我……”，则会让人觉得自私。

《福布斯》杂志中有篇文章曾提到过，交谈过程中最关键的一个字是“你”，最不重要的是“我”。

与人交谈时，过度使用“我”字，会让人有距离感，仿佛一道透明的屏障阻隔双方的交谈，会聊天的人会多用“我们”，而不是“我”。

俄国十月革命刚结束时，革命者们不听劝阻非要烧了沙皇住的宫殿。最后列宁出面交涉，他对大家说“大家冷静一下，在烧宫殿前，大家先静下来想几个问题。这座宫殿是谁辛辛苦苦建造的？”大家说：“是我们。”列宁说：“那我们建的房子让我们的代表住，不给沙皇，怎么样？”

大家说：“可以。”

大家觉得列宁说得在理，所以没再吵着烧宫殿。

有数据显示，人们在生活中使用“我”字的频率是极高的，因为人人都喜欢被赞美，也喜欢自己赞美自己，因此，如果你希望心想事成，就要放低自己，少说“我……”，多说“我们……”。

两人干完农活回家，走了一会儿，张三发现前面路上有把镰刀，就赶紧上前捡了起来，对李四说：“你看，我们捡到了一把新镰刀。”李四看出了张三想独吞镰刀的野心，就说：“这是你捡到的，不应该说‘我们’。”又走了一会儿，镰刀主人出现了，看到自己的镰刀在张三手里就直接冲上前去，张三吓傻了对李四说：“怎么办？人家要来跟我们要镰刀了。”李四一本正经地说：“你这话不对，是找你，不是找‘我们’。”

“我”是从自我角度出发去想问题，而“我们”则是会兼顾到对方的感受，多了一个字，给人的感受也大为不同。然而单打独斗是永远比不上互帮互助、共同分享的力量来得强大的。

我们在与人交谈时，要学会忘记自己经历过的事，忘记自己的感受。因为人人都喜欢谈论自己熟知的事，我们只要把话题引到对方感兴趣的话题上，然后认真地听对方讲，就很容易能够取得对方的好感。

面试者甲：“我在管理销售部期间，整个部门因为我的严格管理才使得公司业绩和员工能力大有提升，所以公司十分器重我。”

面试者乙：“我在管理销售部期间，销售额相比去年提升了20%，而且我们部门员工的能力也得到了巨大地提升，公司对此给出的奖励，是对我们部门全体员工的肯定以及鼓舞。”

很明显，两个面试者中，乙的话肯定让人更容易接受。不像甲几乎句句不离“我”，一直在夸耀自己的功劳。

讲话时，多用“我们”代替“我”，会比较容易拉近人与人之间的距离。正如很多演讲者都会说“让我们一起……”，这样会把听众也拉入其中，成为演说内容的一部分。听众自然就会对这件事上心，不会产生排斥心理。把“我”改成“我们”并不会让我们损失什么，只要在说话时稍微留意一下，就可以让我们在他人眼中的形象变得更加温和可亲。

第二章 如何让对方马上认同你的话

在和朋友的交往中，难免会遇到各种各样的事情。在遇到一些事情的时候，我们的说话态度和方式在很大程度上会影响事情的结果。本章主要是从如何安慰朋友、怎样表现自己的自信、怎样让自己成为受欢迎的人和怎样在商业谈判中如何说服对方如何让对方跟着自己的思路走以及怎样委婉地拒绝他人的请求这六个方面，来解答如何让对方立刻听自己的、认同自己的话。掌握这些说话技巧，可以让我们的人际关系发展得更好。

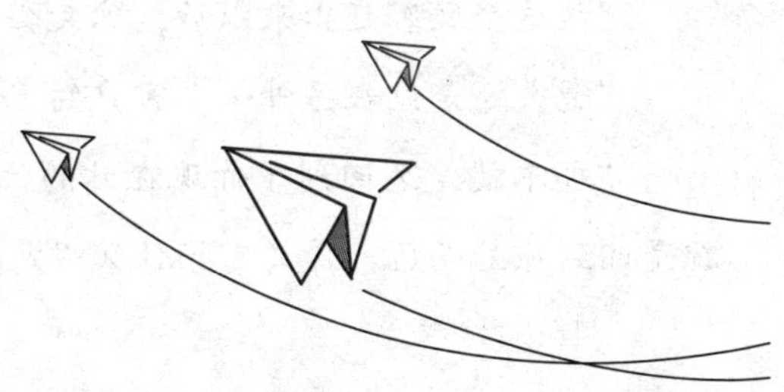

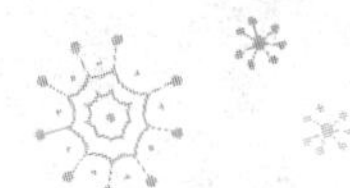

安慰朋友的时候

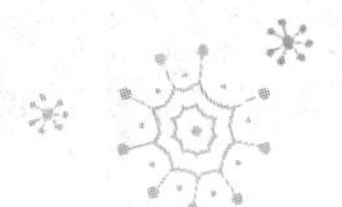

你有没有遇到过这样的情形：你的朋友正在经受一些不幸，你原本是想要安慰、鼓励他，但是因为说话不恰当，最后结果反而相背而行。

小张是一家销售公司的销售员，因为上门推销的时候，经常被人拒绝，因此，变得非常害怕敲门。一次，他去请教一位大师，大师弄明白了他害怕的原因后说道："假如现在你正在一家客户的门口，我现在向你提几个问题。"

小张说道："好的，您请问。"

大师问道："你现在在哪里呢？"

"我现在站在想要推销的客户的家门口。"

"好的，那你来这里是为了什么？"

"我想去客户的家里，推销我的产品。"

"如果你进入了客户的家里，你能想到的最坏的结果是什么呢？"

"我想应该会被客户拒绝，赶出门外。"

"被这个顾客赶出来以后，你又会在哪里呢？"

"嗯，还是站在另外一个客户的家门外。"

"那不就是又回到了你现在站的位置吗？最坏的结果，不过就是回到原处而已，你又害怕什么呢？"

小张听完大师的话，瞬间醒悟，觉得敲门也没什么好害怕的。从此以后，小张再也没有害怕过敲门。他告诉自己："再去试一次，没准这次可以成功，就算不成功也没什么大不了的，我不过是又回到了原点而已，或许我还可以在这次的敲门中获得一些宝贵的经验呢！"最终，小张成了本年度的销售冠军。

大师一点点地引导小张，一句"不过是回到原处而已"让小张豁然开朗，小张克服了自己害怕敲门的恐惧。

我们在和朋友交往的时候，就要多理解一点儿朋友，多提出一些诚恳的意见，站在朋友的角度来思考问题，这样朋友才会更容易接受我们的话。

很多人都经历过这样的事情：在不经意间说错话，却恨不得立刻收回来。我们如何才可以做到在一个人需要安慰的时候说出适当的话呢？尽管这些并没有严格的准则，但是有些小技巧可以让我们说出的话得体而真诚，这里有几点小建议：

1. 以对方为中心，照顾对方的感受

当我们去看望刚遇到不幸的人的时候，我们要知道我们是去安慰和鼓励他的。我们要做到以对方为中心，照顾对方的感受。千万不可以以朋友的不幸遭遇为借口，来讲述自己的相似经历。我们可以说："我也有过类似的经历，我很明白你现在的感受。"但是千万不要说："在我妈妈死后，我接连一个星期什么都吃不下。"人在伤心时，每个人都有自己的表达方式，因此，我们不可以让他人因为表达情绪的方式不同而感到更伤心。

2. 做一个安静的听众，接受对方的感受

失去了亲人的人需要表达出自己的哀伤，也需要经历悲伤的每一个阶段，他们需要表达出他们的感受。只有他们完全释放出他们的感受，才会更快恢复。这时候我们要顺着朋友的意愿做事，做一个合格的倾听者，接受朋友的感受，并对此表示理解。例如，有些人在悲伤中习惯沉默，不想多说话，我们也应该尊重他的态度。

3. 说话要切合实际，要积极乐观

泰莉·福林马奥尼是麻州综合医院的一位护理临床医生，他总共为几百位患有艾滋病的病人提供过咨询服务。据她说，很多人都不知道应该怎么安慰得了绝症的病人。

有些人会说“不必担心，很快就会好的”类似的话，很明显这些话都是假话，就连病人自己也很清楚。

“在我们去医院看望病人的时候，说话一定要积极乐观，但是也要尊重事实。”福林马奥尼说，“例如‘你现在感觉好点儿了吗’或者‘需要我帮你做些什么吗’，这样会更得体。必须让病人感受到我们对他的关心和我们愿意帮助他的心意。我们可以给他们一个拥抱或者和他们握握手，这样的效果要比单纯的语言安慰的效果好得多。”

4. 主动向他们伸出援手

如果一个人正在经受着伤痛的折磨，那么很有可能他在生活上会有许多不便，甚至会认为有负担。在这个时候，我们可以主动地向他伸出援手，主动地去帮助他。琼恩是一个离异的单亲妈妈，她独自带着小女儿生活，一次她不小心摔断了自己的腿，她

说道：“在这段时间里，我觉得我的生活糟糕透了，后来是我的邻居们每天轮流帮我开车，我才觉得可以稍微轻松些。”

5. 对待朋友一定要充满耐心

一个人在遇到不幸的时候，每个人的悲伤程度和悲伤时间肯定是不同的。一个老人说：“在我的老伴儿去世以后，我的孩子们常对我说：‘我们知道您和爸爸的感情非常好，但是现在爸爸已经离开我们了，您一定要继续活下去。’我很不喜欢他们这样对待我，感觉就像是他们认为我摔了一跤却不愿意起来一样。我想用我自己的方法来做——悲伤是不会这么快就过去的。”

在朋友遇到不幸的时候，我们想要说些既可以安慰朋友又容易让朋友接受的话，并不是一件容易的事情，因为在这种情况下，朋友的内心很痛苦，我们说的话非常容易引起朋友的反感。如果一个朋友的悲伤程度和时间都超乎常人，我们一定要让朋友知道我们在关心他，这个时候我们可以告诉他：“我可以理解你的心情，但是你要知道你还有很多朋友，让我们一起来帮助你，好吗？”

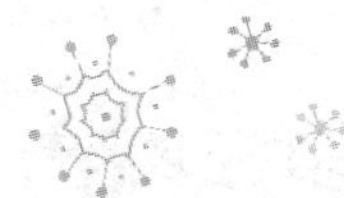

展示自己的自信时

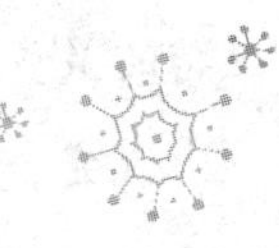

小王在高中毕业以后，高兴地带着自己的简历到了深圳的人才交流会上找工作。会场上十分热闹，很多人在不停地交流着，但是一个连锁超市的招聘台前却是十分冷清，在这热闹的会场中显得格格不入。

小王觉得很好奇，便走了过去。在他看到这家连锁超市的招聘信息后，他同样被招聘的要求吓了一跳。这家超市现在要聘用20名业务代表，要求非常苛刻，不仅要名校的毕业生，而且还必须有3年及以上的零售行业的从业经验。

小王想了一会儿，尽管自己一条都不符合，但是他对这家连锁超市的业务代表这个职位非常感兴趣，于是他决定去尝试下，如果自己被拒绝了，就当作是对自己的一次锻炼。

小王直接走到应聘席上坐下，面试的主管看了他一眼，说道："招聘启事看过了吗？"小王点头说道："已经看过了，但遗憾的是，我不是名校毕业的学生，也没有从事过该类型的工作，我只是一名刚刚高中毕业的学生。"

面试主管盯着他看了一会儿，慢慢地说道："既然这样，那你还有勇气来面试？"

小王礼貌地笑了笑，说道："我之所以有勇气来面试，是因为我非常喜欢这份工作，而且我相信我可以把这份工作做得非常好。"停顿了一下，小王继续说道，"我想真正具备您所要求的那些条件的求职者，肯定是不会来您这里应聘业务代表的，他们应聘的最少是公司的主管。"

说完，小王便把自己的简历递给了面试官，面试官不仅没有拒绝他，还微笑地收下了。

第二天，小王便接到了该超市的录用通知，在后来的工作中，他才知道原来当初招聘启事上那些苛刻的条件只是面试官故意设置的门槛。当他和面试官谈完以后他已经完成了公司的两项测试：敢于挑战条款的自信和勇气，以及分析问题的能力。给他面试的那位面试官后来对他说道："尽管你只有高中毕业，但是在和你

的交谈中我看到了你的自信，这是你被录取的最根本的原因，假如一个人连面试的勇气都没有，那么他今后怎么会有勇气去敲响客户的大门呢？”

说话时表现出来的自信来源于我们生活中每时每刻的训练，假如娴熟的专业知识和得体的仪容依旧没能让你拥有足够的自信，那么你需要的是更多的自我表现。

冒险这一“动力”本能存在于每一个人的身上，把它正确地发挥出来，可以让我们相信自己，激发自己潜在的创造能力。而只有在我们充满信心、充满勇气去行动的时候，它才有机会发挥出来。你要知道，只有当你自己对自己的能力和智慧充满自信的时候，别人才会对你报以认可和赞赏。

培养自己的自信心需要做到以下几点：

1. 对自己说“我是最棒的”

自信心就像是我们身上的肌肉，如果不坚持锻炼，稍微一懒散，很快就会松弛。锻炼我们的自信心，和萍水相逢的人进行单独的交谈，是一个十分好的开端。就把我们和水电工、商场售货员的接触作为一个开端吧！把自己想象成是一个最完美的人，可以让我们更快地建立自信，很多歌星和影星在上台演出之前都经常使用这个办法。这在职场上的效果也是一样的，在我们面对公司的大客户或者提案的时候，我们首先要做的是静下来，然后在心中想象下自己曾经有过的愉快的感觉，例如听到过的最优美的乐曲，内容越是详细，达到的效果就会越好。

2. 用坚定的语气说话

有许多人在说话的时候都会出现说得过快的毛病，要克服这个问题需要我们在说话的时候用适当的音量、平稳的语调、适中的速度，这样的举动表现出你对说话内容十分有信心。

另外我们可以利用在呼吸的时候换气断句，这样就能够避免一些没意义的“嗯”“啊”等语病，在谈话内容上也会显得更流畅、更有条理。需要注意的是，一定不要用疑问的形式结束陈述事实的语句，这样会显得我们说话语气不坚定。

3. 通过想象来锻炼我们的自信

模仿和学习我们最敬佩的人的优秀品质，可以是拥有出众气质的明星，也可以是优秀的政治家、外交家，只要他拥有你想要拥有的任何品质，你都可以学习和模仿。

4. 装扮得体可以让人对你的印象更深刻

我们要把我们最完美、最专业的形象展示在他人面前，我们的着装、妆容、发型都要符合我们的气质。尤其是要注意我们选择的颜色，我们都知道不同的颜色有不同的意义：深色系表达的是权威和信赖；亮色很引人注意；暖色系表达的则是温暖、亲和。假如你想要增强自信和亲和力，深色系服装再加上一条浅色的丝巾或围巾是个不错的选择。穿着太过暴露或大胆，比如紧身衣服或v领低胸的上衣，这些不但会让人胡思乱想，而且还会让你因为穿着不当而分心。

5. 想象自己是所在的空间的主人

从一个人走路的姿势可以看出一个人是否拥有自信。走路时昂首挺胸，大步向前，像是所有的一切都在自己的掌控中，

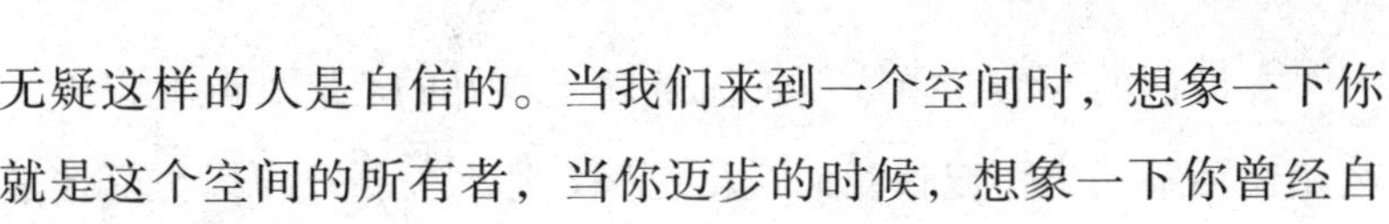

无疑这样的人是自信的。当我们来到一个空间时，想象一下你就是这个空间的所有者，当你迈步的时候，想象一下你曾经自信的感觉。

6. 克服你的焦虑

了解焦虑的根本原因。当我们产生焦虑感时会有一些反应，例如冒冷汗、呼吸急促等。当你了解到有可能会出现的反应之后，可以运用一些小技巧来克服自己的焦虑。

7. 不要害怕犯错误

在错误发生以后，要有承担错误的勇气，经受得住失败的考验以及这些带给我们的屈辱。不能因为害怕，便不敢行动，一直在原地不动。每向前走一步就可能离成功更近；其实每个人都很勇敢，只是他自己不知道而已。如果一个人了解自己潜在的能力，那么他一定拥有克服任何困难的自信心，也一定可以解决任何难题。

8. 不管做什么事都要拥有充足的勇气，勇于采取大胆的行动

不管是遇到大事还是小事，我们都要鼓足勇气，尤其是在小事上更要勇敢地锻炼我们的勇气，这样在大事情上才会勇敢地采取行动。

9. 在接受他人恭维的时候态度要适当

有些人在面对他人的赞美时，总是习惯地拒绝，这样的做法，很容易让自己本来处于的主动位置变为被动的接受状态。一定要记住，当有人对我们表示赞美的时候，我们要用“谢谢你！”来替代“您真是太客气了！”或者“这真的很简单！”这样的客套话，有时候太谦虚也是不自信的一种表现。

在说话的时候，首先要拥有的就是良好的心态，除此以外，运用说话技巧也可以让我们说得更好。那么怎样才可以更好地掌握说话的技巧呢？这就需要平时多注意练习，多锻炼自己的胆量，这样我们在大场合下才可以更自信。

想要成为被人们喜欢的人时

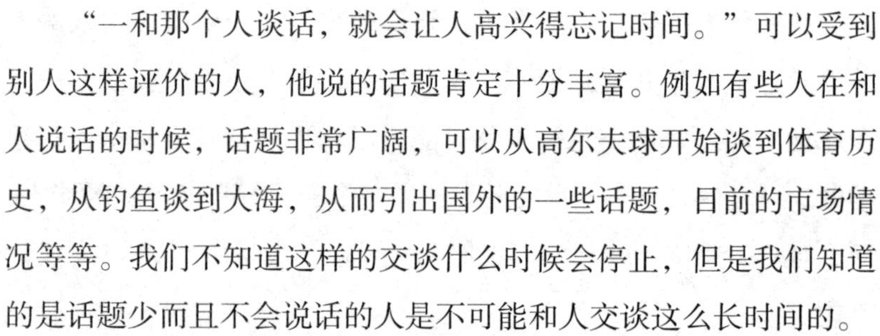

“一和那个人谈话，就会让人高兴得忘记时间。”可以受到别人这样评价的人，他说的话题肯定十分丰富。例如有些人在和人说话的时候，话题非常广阔，可以从高尔夫球开始谈到体育历史，从钓鱼谈到大海，从而引出国外的一些话题，目前的市场情况等等。我们不知道这样的交谈什么时候会停止，但是我们知道的是话题少而且不会说话的人是不可能和人交谈这么长时间的。

一些人说话非常能吸引人的主要原因是他积累了丰富的知识，这样在和人交谈的时候才可以出口成章，说出的话水平也很高。

日本东京的一家美容院，生意很火。当有人问他们生意这么好的原因的时候，店主爽快地说道：“因为我们的美容师在给客人做护理的时候，非常擅长和客人交谈。”

“那么怎样才可以让员工更善于说话呢？”

店主答道：“这就更简单了，我每天都会订阅报纸和杂志，要求员工每天在工作前必须认真阅读，就把它当作这是自己的功课，这样他们便会获得最新的交谈话题，因此顾客也会更喜欢他们。”

从这个简单的例子中我们可以看到，想要有话题，了解一些知识是非常有必要的。知识是所有事业的根本，我们要想让自己说的内容让所有人都喜欢，就更需要多阅读一些报纸杂志来获得更多的知识，这样在我们需要的时候，就会有更多话题来和他人交谈了。

对于说话的人来说，知识有很多方面。每一个人，对知识都有着不一样的要求，每一个人，对知识的掌握程度也会有所差别。作为一个演讲者，有四种最基本的知识是必须要掌握的：

1. 为人处世的相关知识

为人处世顾名思义就是一个人处理社会上的各种各样的事物。我们每个人的生活都和社会有着密不可分的关系，身处在这个社会中，不懂为人处世，在社会上是很难立足的。如果想要让自己运用语言更好地和他人交流，掌握一些为人处世的相关知识是非常重要的，这样我们就可以在适当的场合说出适当的话。如果一个人没有掌握这方面的一些知识，就有可能在一些场合说话时因为言辞不当而造成一些不好的影响，致使讲话没有达到预期的效果，甚至闹出一些笑话。

2. 万事万物的普遍规律

世界的万事万物都有自己的发展规律，我们一般称之为世理。它主要包括各种生活常识，前人留给我们的经验、教训，以及各地的风土、人情等等。这类知识属于是客观形成的，不需要我们去刻苦钻研，在我们平时的学习、生活中都可以慢慢体会、领悟到。如果我们想要让自己拥有更多的谈论话题，方便和他人沟通，懂得这些知识也是必需的。

3. 掌握文化知识

中国传统文化知识、世界文化知识、社会各个方面的知识等等都属于文化知识，这些都可以反映一个人的修养和品位，掌握这些知识也可以让我们的言辞更有说服力和感染力。这类知识的获得就需要靠我们自身的修炼和努力，并不能通过实践得到。

4. 掌握专业知识

每个人都有自己的一技之长，这就是所说的“术业有专攻”。我们要熟练掌握好自己本职工作的专业知识，这样才可以把自己擅长的东西做到最好。

获得专业知识，最主要靠的是我们的努力学习，其次是社会实践。在现代这个信息发展迅速的社会中，每一个领域的专业人员必须要关注本行业的最新进展，以此来检验自己的知识，发现不会的一些知识论点，这样既有利于自己的工作顺利开展，也可以提高谈话的水平。

这四类知识是我们应该掌握的最基本的知识，除此以外，我们还应该了解多方面的知识。这样我们在和他人的谈话过程当中，不论对方提到什么话题，自己都可以在适当的时机，谈论下自己的见解来和对方互动，这样对方会认为你是个有见识的人，也会对你产生好感。

谈判过程中，想要做到说服对方时

在商业谈判的过程中，假如你很着急和对方签订协议，恰好对方也了解了你这种心态，那么对方很有可能提出一些十分苛刻的条件；相反，假如你表现得并不着急和对方签订协议，就像是不在意一样，对方则很有可能会把要求降低很多。谈判想要成功，谈判者必须要做到拥有高超的语言沟通能力，以及不管在什么状况下都可以做到冷静和独立思考。

要想在谈判的过程中赢得对方，需要提前制定好战略方案，把自己的利益放在第一位，并且在谈判的过程中要时刻保持一颗清醒的大脑，糊里糊涂的情况下不可能赢得一场谈判。一般在谈判开始之后，谈判的双方就开始了互相试探、交锋和摸底。如果我们想要在谈判中取得主动地位，就应该掌握以下几点技巧：

1. 由自己掌握谈判氛围

美国的谈判学家卡洛斯觉得很多谈判者都拥有自己特有的气氛，而擅长营建谈判氛围的谈判者会全面调动自己的气氛，因此他可以在谈判过程中把谈判策略运用得得心应手。

卡耐基曾说：“对于每一个谈判者来说，谈判最理想的氛围应该是既严肃认真又轻松活泼的。”谈判的结果是受谈判氛围的影响的，不同的谈判氛围，可以把谈判朝着不同的方向推进。热烈、积极等良好的氛围，会让谈判更容易成功；而沉闷、冷峻、压抑的氛围，会让谈判进入更为严酷的境况，而问题也不能得到很好的解决。

当谈判双方在某一个问题上意见不一致，而双方又互不退让甚至双方达到了怒目而视的地步，这时候谈判便会有沉闷、冷峻的感觉。遇到这种情况，可以使用一些较为幽默的话语来缓解气氛。甚至是休息一下或者双方先放下争议，适当做一些休闲活动来消除彼此之间的隔阂，拉近彼此的距离。等双方的心情变得愉悦，再就刚才的问题不限于形式地交换意见，之前无法解决的难题，在这时候可能会更快更好地解决。

2. 把对方当作内行，抬高对方

在商业谈判的过程中，表现出一种把对方当作是内行的态度，这样对方就会产生一种被尊敬的优越感。这样的话，在谈判的过程中，对方为了显示自己的能力，便不会随便讲话了。

首先给对方戴上一顶内行的高帽，谈判便不会在一些无关紧要的地方浪费时间了。因为内行人通常都是话不多，而且只在关键问题上发表意见。外行人则不同，他们注意的则是一些细枝末节，在一些无关紧要的问题上唠唠叨叨，我们的谈判如果只讨论这种话题，结果会越扯越远。在谈判中，最忌讳的就是不停地讨论一个问题，谈判不可以倒退，我们应该按照既定的方案不断前进。

3. 抓住本质、切入要害

蛇打七寸，才会给蛇最致命的一击。如果不能领会要领，胡乱打一通，最终蛇打不死而且自己还会被蛇缠得死死的。这一策略同样适合在谈判的过程中，我们要善于抓住问题的本质，找到问题的关键进行突破。

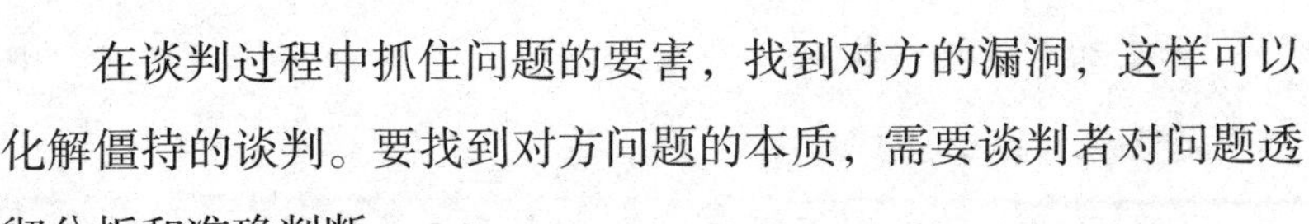

在谈判过程中抓住问题的要害，找到对方的漏洞，这样可以化解僵持的谈判。要找到对方问题的本质，需要谈判者对问题透彻分析和准确判断。

4. 找出共同点，保留不同点

找出共同点，保留不同点。这种方法适用于谈判双方在某一个问题上争执没有结果的时候，可以先讨论其他的容易达成双方意见一致的问题。比方说，双方在价格上有不同的意见，那么就可以暂时先谈谈其他意见一致的问题。事情往往会这样发展，在另外的条款中有了一定的结果，假如对方在付款方式、技术等方面取得了一定的优惠，等到对价格方面再次进行谈判时，彼此的态度和方法都会和之前有些不同，谈判也更容易成功。

5. 侧面攻击

在谈判的过程中，可以一开始就从侧面攻击，这样也许会打乱对方的思维和让对方脱离预期的计划。等对方的思维适应了自己的逻辑思维后，再开始正面突击，这样往往会有意想不到的效果。

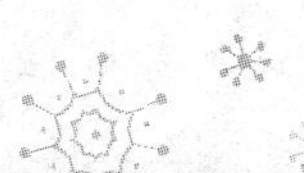

让对方跟着你的思路走

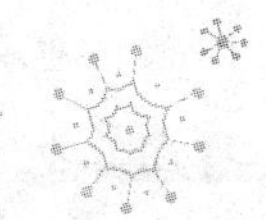

一休是日本的一个小和尚，他非常聪明。有一天，大将军足利义满寄放在安国寺一只龙母茶碗，这只茶碗是大将军最喜爱的一只，但是意外的是，一休不小心打碎了这只茶碗。

正巧这时，大将军派人来取回他寄存的茶碗。

大家都很害怕，不知道应该怎么办。茶碗被一休打碎了，将军怪罪下来该怎么办呢?

一休说道："大家不用担心，我去面见大将军，就让我来应对他吧！"

一休见到将军后，对将军说道："凡是有生命的东西最终都会死去，你说对吗?"

将军说道："对的。"

一休接着说道："地球上所有有形的东西，最终也一定会破碎消失的，对不对?"

将军回答道："对的。"

接着，一休继续说道："这种破碎消失，我们是没有能力阻止的，对不对?"

将军仍然回答："对的。"

一休听到将军的回答后，表现出一副很无辜的样子伤心地说道："义满将军，您寄存在寺里的龙母茶碗破碎了，我们谁也没有办法阻止，请您原谅。"

足利义满将军面对一休的提问，连续回答了几个"对的"，因此他也知道这件事情不好再追究他们的责任了。一休和寺院住持因此也平安地渡过了这个难关。

小和尚一休就是利用了"变焦"的原理，从"有生命的东西"变焦到"有形的东西"，最后聚焦到"破碎消失"，通过逐渐深入引导，最终达到自己的目的。

不论是在演讲，还是在参加竞选或者谈判中，很多情况下，

我们都希望他人可以按照我们的思路来思考，但是，每个人都有自己的想法，如果要让别人跟着自己的思路走并不是一件容易的事情。

想要让这个难题得到解决，很明显强制性的命令不可能实现，我们需要的是运用一些技巧来层层引导。我们可以参考下面的方法：

1. 运用“6+1”法则

沟通心理学中，有一个“6+1”法则，意思就是：当向一个人连续提出 6 个问题，并且他都做了肯定的回答，那么在向他提出第 7 个问题的时候，他就会习惯性地做出肯定的回答；要是提出的前 6 个问题他做的回答都是否定的，那么向他提出第七个问题的时候，他的回答也是否定的。这就是人脑的思维习惯。因此，在某些情况下，如果我们需要引导对方跟着我们的思维走，我们可以提前准备 6 个常规的、简单的，答案是肯定的问题，得到对方 6 个肯定的回答后，我们最后再向对方提出我们想要让对方接受的观点，这样对方根据习惯性思维便会同意我们的观点了。

2. 运用“封闭式问题”提问来引导

封闭式问题也是一种谈话技巧，他和开放式问题相对。这一类型的问题的答案是有限的几个选择，答案要么是肯定的，要么是否定的，而且答案通常都是我们可以预想到的。比如：你问对方“你有没有吃饭”，对方的答案只能是“有”或是“没有”，这两个答案都是我们可以提前预想到的。因此，你可以提前想好对方如果回答“有”，你应该如何继续向对方提出问题，如果对方回答“没有”，你又如何接着向对方提出问题。提前设计好一些封闭式问题，是快速、有效地引导对方跟着自己思路走的不错的方法之一。

3. 运用提示性引导

提示引导属于一种语言模式，主要是通过暗示来达到影响对方潜意识的作用，这样对方就会慢慢地跟随着我们的思路来思考了。这种语言模式是利用语言来描述对方的状态，用语言来引导对方的思路。比如，你可以说“当你开始听我介绍这款空调的时候，你就会感受到这么炎热的天气，你在房中吹着空调是非常舒服的”“当你考虑给孩子买这件玩具的时候，你就会想到你的孩子收到这份礼物的时候是多么高兴的样子”；这些都属于提示引导的语言模式，这种语言模式一般运用“当……，你就会……”的句式，“当”后面表示的是对方现在的状态，“你就会”后面则表示的是想要引导对方进入的状态。

4. 运用目的架构式谈话

目的架构式谈话就是在谈话的开始就和对方明确这次谈话的目的，这样可以快速地把对方的思路引导到谈话的主题上，从而避免一些无谓的争辩。比如，在路上两辆车发生交通事故，双方的车子都受到了不同程度的损坏，而两辆车的司机也都很生气，通常情况下，他们一下车就会发生争吵。但是，要是他们其中一位司机可以利用目的架构的谈话方式，说：“这位先生，请问您认为我们现在首先要做的是解决问题，还是继续争吵呢？”这个问题表明了我们现在首先要做的就是解决问题，因此，这时候双方就会立刻停止争吵，目的架构成功地把对方的思路引到了解决问题上来。

学会了以上几点技巧，我们便可以在生活中和他人的谈话中运用一下，这样可以让他人跟随你的思路来思考，从而达到你的目的。

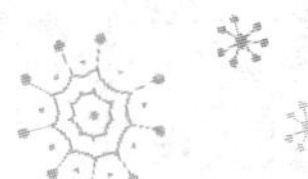

巧妙地拒绝他人的请求

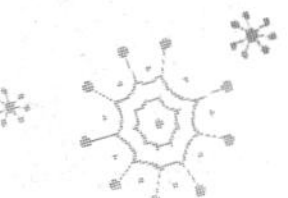

在我们的日常生活中，无论是谁都会有向他人提出请求而被拒绝的经历，被拒绝的感受确实不好受。但是，人生需要的就是让他人接受自己来寻求合作，我们也可以这样说，人生就是不断地拒绝他人和被他人拒绝的过程。学会巧妙地拒绝他人，可以让我们避免尴尬、为难的状态。相反，如果拒绝的话说不好，则很有可能会被人记恨。

有一次马克·吐温在邻居的图书室中看到一本书，他非常喜欢，于是他便向他的邻居说自己想要借这本书拿回家去看。而他的邻居也是一位十分喜欢书的人，不愿意把书借给他，便对马克·吐温说："我曾经定过一个规矩，我的书不可以拿出图书室，因此您只可以在我的图书室看看，但是不能带回家去看。"没办法，马克·吐温只好回家了。

几天后，这位邻居来向马克·吐温借用一下他家的除草机。

马克·吐温一看时机来了，便爽快地说道："我很乐意！但是按照我的规定，您只可以在我的地里使用我的除草机。"

可能这只是马克·吐温在和邻居开玩笑，但是，假如他真的不想把自己的除草机借给邻居的话，我们不得不承认这样说真的是十分巧妙。

在我们平时的生活工作中，很有可能遇到他人有事情需要你的帮忙，但是我们因为种种原因不能帮助对方的时候，我们就需要拒绝他。可是直言不讳的拒绝，很难开口，也容易被人误会。

另外，遭受到他人的拒绝后心里肯定会不舒服，所以要做到既可以拒绝别人的要求，也不会让他人心里不舒服，那就更难了。

甚至，在拒绝他人的时候也可能会让双方之间的友谊有裂痕，那么要怎么拒绝才不会发生这样的后果呢？因此，我们就需要学如何巧妙地拒绝他人的以下一些技巧，这样便可以在拒绝他人的同时又不失礼节。

1. 提出计策，转移焦点

当他人请自己帮忙时，如果自己不能帮助便在讲明道理后拒绝，然后帮对方想一些其他的办法来帮助他。即使你想到的办法不是很有效果，但是朋友已经看到了你尽力帮助他的一份心意，对方在情感上也会更容易接受，这样他内心的失望感就会降低很多。假如你想到的办法真的帮助对方解决了难题，那么他就会更加感激你的。

2. 巧设“圈套”，引导否定

在拒绝他人的时候，我们还可以巧妙地让对方站在自己同样的立场上来思考，并逐步引导对方做出结论，从而让对方体会到自己的难处或意思。运用这种技巧需要我们在对方向我们请求帮助之后，不必立刻回答对方，而是首先提出一些条件或者是反问对方一个问题，从而引导对方给出否定的答案，让对方不再提出之前的请求。

有一天，艾森豪威尔将军被人问到一个关于军事机密的问题，艾森豪威尔将军悄悄地对他说："这个问题是一个机密，你能做到保守秘密吗？"那个人立刻回答道："我发誓，我肯定可以做到。"艾森豪威尔将军便回答说："同样的，我也可以！"

3. 模糊语言，含糊回避

模糊语言，含糊回避同样是一种巧妙地拒绝他人的办法，而且也是人们常用的一种方法。在我们不方便直接拒绝他人的情况下，运用这种方法，可以在委婉的拒绝的同时也给对方留足面子。

4. 讲明利害，以理服人

在他人请求我们做一些不符合原则或者是触犯法律、法规的事情的时候，就算对方是自己的亲朋好友你也不可以犹犹豫豫，应当态度明确，和对方讲明利害关系，彻底地拒绝对方，并打消他的念头。

在我们平时的生活中，很多人不明白这中间的利害关系，为了眼前的蝇头小利，不计较后果，而做出一些不合规的事情。因此，我们在平时做事的时候要有长远的眼光，要学会拒绝他人，同时我们也应当照顾他人的面子，做到以理服人。

5. 反攻为守

偶尔，我们也会遇到这样的情况：在对方向我们请求帮助之前，我们已经从其他途径知道这件事或者我们从和对方的谈话中已经明白了对方的目的，但是我们自己真的没有能力帮助对方的时候，我们便可以采取反攻为守的办法来巧妙地拒绝对方的请求。比如，有朋友找你借钱，恰好自己确实是无能为力的时候，我们便可以早他一步提出自己的请求：“真是凑巧，我刚刚想去找你，打算向你借点钱……”一般对方听到你说的话便不会开口向你借钱了，没准他还后悔找错了人，怎么来向你借钱了呢？

6. 贬低自己

在我们生活中，我们有时候会为一些没有意义又浪费时间和精力的社交活动而烦恼，直接拒绝这些活动可能会让我们失去一些朋友。这时候我们便可以采用贬低自己的方法，在轻松的气氛中巧妙地拒绝他人。例如，有朋友想要邀请你一起打游戏，你就可以这样说：“既然都是朋友，我也不怕你笑话，我学了这么久还是打得不怎么好，没准你们都不屑一看，为了不给你们拖后腿，不影响你们的心情，我看我还是不去的合适。”在同事聚餐上，你也的确不能喝酒，便可以说：“我向来在家里地位最低，如果喝了酒，回家肯定是被我媳妇骂，没准还免不了被赶到沙发上睡，你们就饶了我吧。”同时，还可以举例说明来增强自我贬低的效果。这样在自嘲中便可以委婉地拒绝他人的要求了。

在拒绝别人的时候，千万不要找借口来搪塞他人，丢失掉说“不”的最佳时机。一些人因为不好意思说“不”便随便找一些理由来搪塞他人，但是这些不但不能从根本上解决问题，还很有可能会损害双方的友谊。

第四章 什么时候都不要伤及他人的面子

懂人情世故的人都知道，不论做什么事情，说什么话，都要给人留些面子，这样才会让我们的人际关系更加和谐。本章主要从记住对方的名字，以示对他人的尊敬，认真倾听对方，做任何事都考虑到他人的面子，做事要学会虚心请教，尊重他人，说话把握分寸等方面详细介绍了我们在和人相处的过程中应该注意的问题。通过学习本章的内容，把我们学到的内容运用到我们的人际交往中，会让我们赢得更多人的喜欢和尊敬。

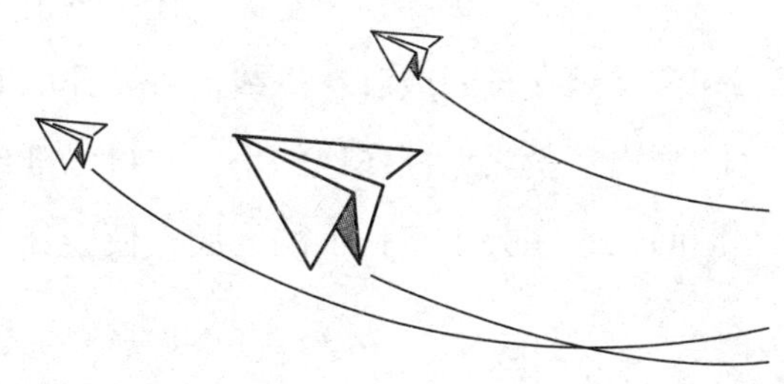

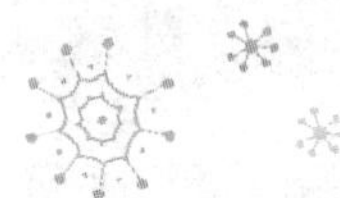

记住别人的名字，是对别人的尊重和重视

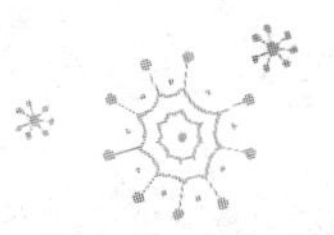

赵经理从自己的办公室出来，对着小李说道："那个谁……"小李赶紧站起来，说道："小李。"赵经理点头说道："嗯，小李，你过来一下，把我这里的这几份文件送到张组长的办公室里去。"小李连忙把文件给张组长送过去了。

过了一会儿，赵经理又一次打开办公室的门，赵经理喊道："那个谁……"小李说："小李。""嗯嗯，对，小李，麻烦你帮我去许会计那里拿两份空白的客户合同过来。"小李听到后，很快便把合同送到了赵经理的办公室。

小李转身就要出去，赵经理突然说道："那个谁，你先等等……"小李打断赵经理的话说："赵经理，我叫小李，不叫'那个谁'。"

赵经理突然愣住了，有些不好意思地说道："真的很抱歉，我实在是太忙了，忘记了你的名字。小李对吧？我以后一定会记住你的名字的。"

一个好的领导，一定会记住手下员工的名字。试想一下：当一个领导在车间或者在一线巡视工作的时候，可以走到一个员工的身边，紧紧地握住他的手，并可以准确地说出他的名字，并且询问他一些关于工作上的问题，便会让这位员工感到格外亲切和

激动。而如果像赵经理那样，直呼手下的员工为“那个谁”，让谁都会觉得不尊重人。

我们每个人都对自己的名字十分重视，都希望别人记住我们的名字，之所以如此，是因为我们的名字并不只是一个代号，在一定的程度上，名字还代表着我们的面子。

如果和只见过一两次面的人再次见面的时候，他还可以清楚地记住你的名字，可以毫不犹豫地叫出你的名字，那么你就会有这种感觉：他记得我，他很重视我，看来我在他心中占有重要的位置。

相反，假如一个我们本来很熟悉的人，叫错甚至是忘记了我们的名字，我们一定会觉得不高兴，认为对方不尊重自己。

小夏的办公室主任给小夏的第一印象是，他太像一头牛了，并且在小夏的潜意识中这种感觉很强烈。而实际上，办公室的同事在私下给他们主任起的外号也是叫“老牛”，尽管他们的主任姓石。

有一天，小夏把上月的报表交到主任办公室。敲门进去后，小夏不假思索地便说道：“牛主任，早上好，这是上月的报表，请您过目！”刚一说完，小夏就看到主任的脸色不太好，忽然意识到自己说错话了，他立刻解释道，“石主任，很抱歉，我是说……”

小夏走出主任办公室的时候大脑是一片空白，在之后的一段时间里，每次一看到他们办公室主任，小夏总觉得周围的空气十分压抑。假如小夏还在这里工作，想来今后他在这儿的日子也不会太好过。哪怕主任不对他怎么样，就是在态度上对他也不会太友好。

曾有位人际学家说过：世界上最动听的声音就是听到自己的姓名被别人准确、清楚地说出来。人们都渴望被他人尊重，因此记住别人的名字，对方会感到自己受到了尊重，会觉得亲切。相反，如果记不住别人的名字，别人则会有一种陌生、不被尊重的感觉。

所以，懂得人情世故的人，通常会努力记住他人的名字，因为这不仅是一种礼貌，更是对他人的一种尊重。每一个人都会有想被他人看重的心理。准确清楚地叫出对方的名字，对方就会有自己被重视、被尊重的感觉。假如你想让他人尊重你、跟随你、服从你，更努力地为你效劳、工作，那么你要做的就是让他拥有被看重的存在感。

当然，在平时的生活中，难免有时候我们会突然记不起某人的名字。要是我们遇到熟悉的人，却突然记不起对方的名字的时候，我们不要太着急，照旧和对方叙旧，一定不要直来直去地问对方：“你是？”因为本来对方认为你一定记得他，但是你要这么一问，对方反而知道了你忘记了他的名字，这样对方会感到不开心，可能也会对你失去原来的好感。

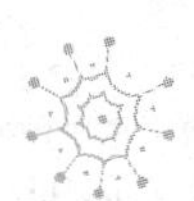

认真倾听，是对别人最好的尊重

试想一下，当你说话的时候，却没有一个人在用心听；当你找人倾诉内心情感的时候，却没有任何一个人理会，这时候你的心情会是什么样子的呢？假如一个人压根儿不能说话，或许他可以忍受这样的痛苦，但是当他明明在说话，但是却被人忽略，这样让人颜面无存的事情实在是让人不能忍受。反之，如果别人可以认真地听我们讲话，我们会很开心。因为这表示着我们的话得到了他人的认同。这样给我们的感觉是，对方认为我很有见识，我说的话很吸引人，同时，我们也觉得别人很尊重自己。

卡耐基是一位有名的心理学导师，它曾讲述过一件发生在他自己身上的事情：在一次宴会上，他偶遇了一位植物学家，他便很有兴致地坐在椅子上一直静静地听着植物学家讲关于大麻、室内花园以及如何种植各种植物的问题。

卡耐基说："我从没想过我可以和这位植物学家交谈几个小时这么久。一直到宴会结束，这位植物学家对宴会的主人说：'卡耐基先生的学识真是渊博，他真的是我见过的最好的谈话家。'"

一听到植物学家的赞美，卡耐基笑着说："其实当时我什么话也没有说过，就算是我想说，关于这个话题我也什么都说不出来。他之所以给我这么高的赞美，完全是因为我愿意认真地听他啰唆而已。”

假如你想被人喜欢，那么你就要学会用心听对方讲话。心理学家曾说，无论是谁都有倾诉的渴望。每个人都是喜欢说大于喜欢听，而且十分讨厌他人的长篇大论，但是却又希望别人可以听自己的长篇大论。要是你可以做到认真倾听他人的长篇大论，那么对方便会把你当作朋友。所以在他人说话的时候，认真地听，这会让对方更喜欢你。

要成为一个合格的听众，就不可以敷衍了事。我们要学会有回馈的倾听，这样既表示我们理解了对方的讲话内容，也会让对方觉得很有面子，受到了尊重。

另外，在听别人讲话的时候，不要随意打断对方。听话一定要听全，切忌刚听了开头便随意批评他人，好的倾听者一定可以做到听对方把话说完。

有一次，美国的著名主持人林克莱特问一个小男孩：“你长大以后想成为一个什么样的人？”孩子回答道：“我长大了要成为一个飞机驾驶员！”林克莱特则接着问道：“那么，假如你驾驶的飞机的燃料烧完了，飞机马上就要坠毁了，这时候，你会怎么做呢？”小男孩沉思了一会儿说：“我会提醒飞机上所有的人系好安全带，然后我穿好降落伞先跳下去。”在场的所有人，听到孩子的回答，都哈哈大笑起来：“这个小男孩真是可恶呀，他竟然不管自己飞机上的乘客的安危，一个人先逃跑了！”

就在这个时候，林克莱特却看到了孩子脸上的泪水，孩子哭

着说道：“我是去拿燃料，然后再回来，这样大家都会没事的！”

用心地听别人把话说完，尊重他人的讲话内容，并在合适的时机做出回馈，让对方把话讲完。要是一个人可以做到这几点，那么不管遇到什么人，都会喜欢你。因为你的做法让别人觉得很有面子，受到了尊重。

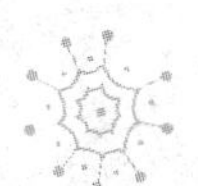

做什么都要让对方感觉很有面子

在 1949 年的时候，老林的两个弟弟和他一起到了台湾，其他的五个兄弟姐妹则留在了祖国大陆。

刚开放探亲的时候，老林就开始准备返乡的所有东西。对岸的信，就像雪花片一样飞来。

老林把信看了一遍又一遍，用笔钩了又钩，确认出一共有多少亲戚，才开始着手准备礼物，这样到时候才不至于少了谁的礼物，而让大家不高兴。

“每个人都要有礼物，绝对不能落下谁！”老林心想。幸好自己的儿孙有很多穿不完或者小的衣服，听说现在开放了，那边的人，都赶时髦，这些衣服跟新的差不多，正好可以送给他们。自己家的衣服不够，老林甚至去找朋友要，忙了大半年的时间，总算凑足了。

同在台湾的两个弟弟，因为走不开，老林只好一人前往。三个大箱行李，拎到老家，老林在床上躺了两天，才喘过气来。

老林把礼物送给亲戚们，亲戚们一人一件，不多不少，而且每个人都说很漂亮，当时就穿上身了，老林还和他们合照。回台湾以后，见人就“秀”：“看看！他们穿的都是我带去的衣服，又好看又实惠，我的礼物不错吧！”等弟弟回大陆探亲的时候，老林还特意叮嘱两个弟弟照办。

弟弟们都摇头，表示不赞同。

“我每天都忙得不得了，没时间收集衣服，再说了这么多衣服搬回老家实在是太难了，我只打算每人给他们一个红包，钱不多，也是我的心意！”大弟说。

二弟更干脆：“我啊，干脆请他们吃顿饭就成了，一大家子在一起热闹一下，联络一下感情！”老林见两个弟弟都有自己的想法，便也没有多说什么。不久，两个弟弟都从祖国大陆回来了，据说他们受欢迎的程度，相比之下比哥哥要好很多。

“真是奇怪，算算两个弟弟花的钱和我的礼物的价值也差不多，怎么感觉他们比我要更受欢迎呢？更何况我这可是花费时间和精力精心准备的，意义更是不一样，怎么反而两个弟弟更受欢迎呢？”老林怎么也想不明白。因此老林就拜托刚好要回大陆探亲的老乡，从侧面打听打听。

同乡一回到台湾就找到老林向他报告：“我一回到老家，就碰到好几个人在说你弟弟请他们去大酒店吃大餐的事情，说地方有多豪华、漂亮，就连盘子都很讲究。他们还说你另外的弟弟每个人都给发了个红包，非常大方。”老林听后立刻问道：“那他们怎么说的我呢？”老乡摆摆手，说道：“他们说你人不错，不过就是没一个人提起你送给大家的礼物。有一天我看到一个人穿

的是你儿子的夹克，我就问，你猜猜他怎么说的？”

老林摇了摇头，说：“你就直接告诉我吧！”同乡便迟疑了一下说道：“那我说了你可千万别生气，他说，这都是人家不要的旧东西，有什么好说的。”

无论是谁都是好面子的，即使你送的礼物再实用，如果面子上让人过不去，恐怕收到的只有反效果。老林正是因为不懂得这一点，最后自己精心准备的礼物，反而不得人心。

实际上，老林这样做也是出于自己的一片好心，这样亲戚得到的都是实用的东西，这些衣服也不会浪费。但是亲戚也没有错。亲戚的反应也是很正常：难道就是因为我们穷你就看不起我们，把旧衣服送给我们当作见面礼吗？这个问题的根源就在于，亲戚收到的是旧衣服让自己感觉很没有面子了，但是老林却没有考虑到这一点。或许有人会说：都这么穷了，还要什么面子。其实则不然，不管一个人的家境如何，人都是有面子的，尤其是贫穷的人会更加敏感。所以，在我们给别人施予援手的时候，一定要考虑到别人的面子，千万不要让对方认为这是在施舍。

做人要学会谦虚，给他人留足面子

李强新来到一家快递公司上班，上班的第一天，经理找来一个 20 多岁的年轻小伙子，对他说道：“这是我们公司新来的员工李强，你就负责带他熟练下业务。”然后又转过头对李强介绍道，

“这是张亮，他在我们公司的业绩十分突出，现在也是第一组的小组长，你有什么不明白的地方，直接问他就可以。现在公司的活越来越多，人手也很紧张，你要尽快把工作流程都熟悉一下，正式上手。”“张组长，以后就请您多多指教。”李强嘴上对张亮这么说，但心里却认为：这么大点的一个毛头小子，懂什么，还来指导我。

张亮并不了解李强心里的想法，很热情地对李强说：“我年纪比较小，你叫我小张就行，我就叫您李大哥吧，你有什么问题可以直接来问我。”“好的，那我就不客气了，以后那就请你多多指点了。”李强说着，但是内心却不以为意。刚开始的时候，张亮热情地向李强介绍着业务的各个方面，但是过了一阵，张亮便冷淡了。因为面对张亮的帮助，李强总是显出一副不屑一顾的样子，久而久之，张亮鉴于他这种态度也就变得冷淡了。

公司里传播着说李强目无一切、自以为是的说法。李强也知道大家对他的评价，但是他仍然是满不在乎。他觉得张亮小小年纪没有资格指点自己。一直到有一天他的工作被顾客投诉，经理狠狠地教训了他一番，他才开始检讨、反思自己的傲慢。

都是打工者，老高的表现和李强却是截然相反。老高刚从乡下来到城里，他知道自己不仅年纪大而且也没什么文化。刚开始的时候，他在工地上做小工，但是没想到因为施工单位的破产，接着包工头也跑了，老高几个月来辛辛苦苦的劳动成果却一分钱也没有拿到。他不得不去寻找其他的工作，幸运的是，他很快就找到了一份保安的工作。

因为老高是刚入门，对于保安的各项工作都不清楚，但是他

不懂就去学，虚心请教自己的同事。同事们看到他又诚恳又老实，都愿意帮助他。在他所有的同事中，尽管老高的年纪是最大的，而且也是最“笨”的，但是同事们都很佩服和尊敬他，亲切地称呼他为“高大哥”，后来经过大家的一致推荐，老高成了保安队的新队长。

李强和老高的经历，在我们平时生活中也是经常看到的。看上去，这是因为“骄傲”和“谦虚”的态度问题，而事实上这其中涉及人情世故的问题。老高最终可以赢得大家的尊敬和认同，主要是因为他懂得人情世故，给对方留足了面子；反之，李强的失败是因为他不懂得人情世故，让人觉得没有面子。

在我们的生活中，只要我们留心观察，就会发现：每一个人都习惯指点他人应该如何处理事情，但是却十分讨厌别人指点自己怎么做事，尤其是在年纪、身份地位不如自己的人指导我们，我们会更加不屑一顾。

李强可能比老高要聪明，但是他却不如老高懂得人情世故。李强认为自己年纪大，是过来人，因此当张亮指点他的时候，他会不以为然，但是他却忘记了在公司里张亮是小组长，而且资格比较老，在业务上也是能手，绝对有资格指点他，并且受到他的尊重。

尽管老高只是个没有文化的乡下人，但是很明显的，他更懂得人情世故。他遇到问题虚心请教他人，这样不仅可以提高自己的业务水平，还可以让他人“好为人师”的心理得到满足，让人觉得很有面子。这样在自己学到东西的同时也让人们更加喜欢自己。

孔子说："三人行，必有我师焉。"这就是在告诉我们大家做人应该谦虚，多请教别人，学习他们身上的优点和长处，弥补自身的缺点和不足。其实这只是其中一方面的好处，更重要的是，这样做在人情交往上面还会让对方很有面子，让对方高兴的同时还会让双方之间的关系更加友好。

反之，假如我们做不到虚心地向他人求教，而是常以"教导者"的姿态出现，无时无刻不表现出一副自己什么都明白的样子，这样便会让对方的心里很不舒服。哪怕你是真心实意地要给予他人帮助，但是当对方一看到你这副姿态的时候，恐怕也很难领你的情。

我们想一下，曾经我们在别人遇到难题的时候，给他们一些引导和指点，他们也因此成功地做成某事的时候，我们的心里是不是觉得很高兴、很自豪、很有成就感？尤其是当对方对我们表示谢意的时候，我们是不是有一种十分自豪得意的感觉，就像是我们做了一件非常光荣的事情，感觉倍儿有面子？

人都是好面子的，当我们愿意虚心向他人求教的时候，你就会发现对方的态度也会是温柔的、和蔼的，另外我们还会收获对方对我们的好感。

学会尊重他人，哪怕自己不喜欢

古人曾说过：“打人别打脸，骂人别揭短。”古代的人就算是在打人、骂人的时候也会顾及对方的脸面，很有君子的风范。这也是在告诫我们，一定要学会尊重他人。即便是对方不领情，尊重别人是做人最基本的礼貌问题。就算是很不喜欢这个人，或是讨厌对方做的事，也要对其表示尊重。

在古代的志怪书籍中有这样一个故事：有一个砍柴的农夫救了一只受了箭伤的狗熊，狗熊很感谢农夫的救命恩情，便安排了一顿十分丰富的晚餐来招待农夫。他们相处得十分愉快，第二天早上，农夫要回家了，便对狗熊说道：“谢谢你的热情招待，只不过你身上有一股臭味，十分难闻。”

狗熊听到后，心里很不高兴。过了几年，农夫在山上又碰到了这只狗熊，问道：“你的伤好了吗？”狗熊说道：“中的箭伤很快就好了，但是你临走时说的话，我到死都不会忘记。”

这个故事让我们明白，就算是我们曾经帮助过他人，假如不知道尊重对方，不为对方考虑，说了一些让别人没有面子的话，对方也会对我们心存芥蒂。尊重他人是人们相处的最基本要求。不论我们对对方有什么意见，也应该尊重他人。

在汉景帝统治时期，窦太后十分推崇黄老之学。有一次，她召见一个有名的儒生辕固生，请他来谈谈《老子》这本书的主要内容。辕固生本来认为太后是想向他请教儒家的经典，一听太后让他讲的是《老子》便很不高兴。他轻蔑地对太后说："此是家人言耳！"意思就是，这些讲的不过就是家长里短，不值一提。

碰巧窦太后出生在农家，听到他这么讲，立刻就火了，斥责道："难道要读司空城旦书吗？"意思就是，莫非只有儒家的书籍才能读吗？为了给这个固执的书生一点教训，太后说道，"我看你也不用读书了，送你去猪圈里，你和野猪去聊聊吧！"多亏了旁边的景帝偷偷地给了辕固生一把尖刀，辕固生才杀死了野猪。

辕固生觉得只有自己学习的儒家文化是真正的学问，瞧不起其他的学问，最重要的是，他一点都没有考虑到窦太后的感受。现在有的人，就像辕固生一样，认为别人低俗、市侩，自己觉得讨厌，便不管不顾地批评他人。其实，这就是不尊重他人的表现。

有个班在政治课前安排学生做"新闻播报"，今天播报的同学播报的是自己最喜欢的明星的一条新闻。让人想不到的是，他的播报导致了所有同学们的取笑，但是这位同学依然在同学们的讽刺和嘲笑中读完了这条新闻。

在接下来小组评论的时候，仍旧是否决的声音。有人说："但愿在今后的播报时间，不要再听到这类低俗的东西！"有的同学

说："这样的娱乐新闻也拿来播报，这和政治课题没有一丁点关系。"实际上，今天这位同学播报的正是明星把自己新专辑获得的全部收入都献给公益机构的消息。

显然，其他同学们的讽刺不再是简单的反对，他们这是带着自己的情绪和爱好的指责，这其实就是不尊重人的表现。现实中，有很多人在不停地做着这样的事情，他们因为自己不喜欢而随意提出批评，一点也不知道尊重别人。

你认为他人低俗，你可以讨厌，但是你必须学会尊重。不去随便批评他人的梦想、喜好、缺点和不足，这是一个人最基本的礼貌和道德。

即使发表自己的意见，也要尊重他人，哪怕你心中不敢苟同，也要考虑到别人的感受。尤其是他人善意的建议，尽管我们不喜欢，我们可以说："谢谢，我会慎重考虑的。"而不要直接说："你这样一点也不好……"

就算是你十分不喜欢，也要给对方面子，做到尊重他人。不要做一个人们口中的"不识抬举"的人。

在我们的生活中，有很多的人都属于这类人，他们不通人情世故，不在意别人的感受，一说起来是因为自己率直、坦诚，其实就是不懂事、不成熟。我们要牢记，尊重遇到的每一个人，哪怕是自己不喜欢的人，因为每个人都有自己的闪光点，都有值得我们学习的地方。

我们每个人都有欣赏的自由和权利，但是这并不意味着我们可以随便对别人说三道四。你可以讨厌他，但你没有资格随意批评他，也没有权利随便伤害他。我们要学会成熟起来，别让自己的固执己见伤害他人的尊严，破坏自己的形象。

说话做事要慎重，给别人留足面子

生活中，我们说话做事一定要慎重。许多人因为言行随意，欠缺考虑，而让人面子上过不去，最后让双方都不愉快。

老张为了能让自己的儿子进入市里的重点中学，因此请朋友甲来帮忙，朋友保证一定帮他找好关系。同时老张为了多一份保障，所以另外拜托了乙朋友也来帮忙运作。老张很高兴，本以为有了这双重保障儿子肯定可以进入市里的重点中学。但是，事情却并没有像他想的那样进行，本来甲朋友已经帮老张联系得差不多了，眼看就要成功了，却听说老张也请乙朋友帮忙联系这件事，便感觉老张这是看不起自己，让自己难堪。他立刻给老张打电话："你是不是又找了乙来帮你？如果你怕我办不成，当初就不要找我呀！"很快，乙朋友也知道了这件事，同样，他的心里也很不高兴。

最后，本来是一件好事，因为老张的双重保障，让大家都很不高兴。

老张这么做，损失的是两个朋友的面子。幸好的是甲和乙也是好朋友，不是竞争对手，否则的话事情恐怕会更糟糕。老张这

种自以为是的做法，让两个朋友都不高兴。其实，只要他当初多考虑下朋友的感受，结果肯定要比现在好得多。

人在做事情的时候之所以随意，大多是因为只考虑自己，从来不考虑别人。在他们眼中，这样是万无一失，实际上在别人看来，他们这是自私、缺乏考虑。假如不知道顾虑别人的感受和心理，自顾自地做一些事情，不仅会让他人不高兴，严重的可能还会招来大祸。

明朝的开国皇帝朱元璋在没登上皇位之前，家境贫穷，曾经做过牧童、乞丐、和尚。在他当上皇帝后，曾经的穷亲戚、穷朋友就到京城投靠他，希望他可以看在他们曾经的情分上，多帮助下自己。

没想到，朱元璋最不想让人提起的就是自己的过去，害怕这样会损失他的威信，因此他对来求见他的人全都拒之门外。其中，他的一个朋友，本事还挺大，经过很多转折最终进到了皇宫。不得已，朱元璋只好接见了他。让人没想到的是，那位小时候的朋友一见面，便高声叫嚷道："不错呀，朱老四，你现在可真是威风。你还认识我吗？想当年，我们两个可是一起光着屁股长大的呀！每次你做了坏事都是我帮你背黑锅。你还记得吗？有一次你吃豆子太急了，被豆子卡住了，幸亏我帮你弄出来……"

儿时好友不停地说着，朱元璋的脸色一会儿青一会儿白，最后实在听不下去了，大喊一声："闭嘴，你是什么人，竟敢在这里胡说八道，来人，给我拉出去斩了！"

这位朋友还不知道自己哪里做错了，便丢了性命。

要知道，凡是发达了的人，在社会上有了一定的身份和地位，绝对不喜欢有人在他人面前提到自己以前落魄、不如意的事情。这会让他觉得十分丢面子。

那位丢了性命的朋友就是因为不明白朱元璋的这一心理，说话做事太随意，最终招来了杀身之祸。我们在平时也应该注意，假如自己的朋友、同学有一天升了官，当上了主管、经理，便不要随便开玩笑，提起过去的某些事情。像这种主动提起以前的事情来联络感情的方法，尽量交给对方来做。

总的来说，在平时生活中，我们要注意自己的言行举止，不要太随意，避免因不给他人留面子而让对方不舒服，自己却不知。我们在做任何事情之前，要多考虑，考虑周全了再说、再做。

第五章 如何把难说的话巧妙地说

把难说的话用巧妙的语言表达出来，不仅可以让说话的气氛更和谐，也可以让人更容易接受我们所说的话。本章主要从说话控制自己的情绪、运用巧妙的语言艺术来轻松地解决难题、用真诚的道歉获得大家的认可，运用“夹心饼”的批评艺术以及运用诙谐自嘲的说话态度和巧妙的创造性思维来解决难题等几个方面，详细地讲述了说话的艺术，掌握好这些艺术可以让我们把话说得更好。

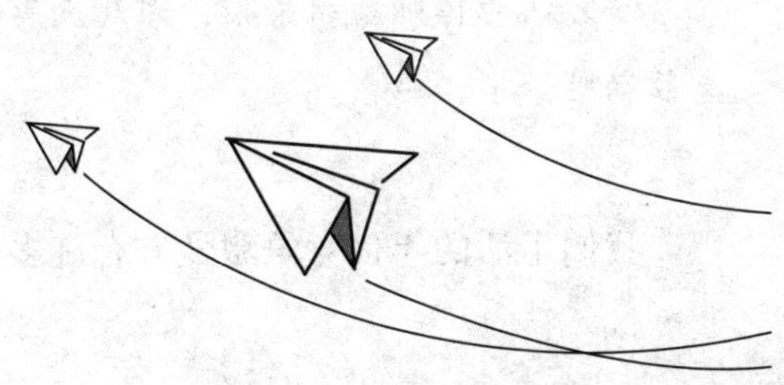

会说话的人都善于控制自己的情绪

洛克菲勒是美国的石油大亨，他善于利用情绪来为自己做事，他曾经在法庭上漂亮地战胜了一位律师。

“洛克菲勒先生，请问你是否收到我寄给你的信件？”

“是的。”洛克菲勒说。

“那你是否有回信？”

洛克菲勒笑着慢慢地说：“没有。”

接着，律师一连拿出十几封信来向洛克菲勒提问，而洛克菲勒的回答全部相同。

法官转向洛克菲勒，问：“你确实收到了吗？”

“是的，法官先生，我确信。”洛克菲勒回答。

律师十分愤怒地喊道：“那你怎么不回信，难道你不认识我吗？”

“我当然认识你呀！”洛克菲勒依旧笑着回答。

律师听到他的回答开始不能控制自己的情绪了，他很愤怒，不停地骂着，而洛克菲勒却十分平静，仿佛这和他一点关系都没有。

法官认为律师情绪失控，因此没有办法继续辩论了，最终洛克菲勒胜诉了。

我们生活的年代竞争激烈，有许多的人脱颖而出。每个人都

拥有十二分的热情，谁都不甘于平庸，无论是谁都想成为让人羡慕的成功人士。史宾杜曾经说过：“每个人都拒绝平庸，都想成为杰出的人……普通人和成功人士的最大区别就是——所有的成功人士都是善于掌控自己情绪的人。”确实，洛克菲勒就因控制好了自己的情绪，所以才战胜了对方的律师。

心理学教授伟兹认为控制好情绪有两个优点：第一，可以很好地观察他人的变化，从而找到解决问题的关键；第二，就是可以避免无谓的烦恼，能够用心做好自己的事情。要是一个人控制不好自己的情绪，那么他就很难把握好做事的尺度。

但凡能够成功的人，不会让情绪控制自己，而是自己控制情绪，成为情绪的主人。他们可以避免冲动而做一些让自己后悔的事情，他们善于听取他人的意见、开阔自己的胸怀，不会让自己的不满情绪任意发泄。这些看上去没什么大不了，其实在我们平时说话沟通中十分重要。

不论在什么情况下，哪怕是受到羞辱，我们也要学会保持冷静，控制好自己的情绪，抓住有利时机再进行反击。维护自身的权益，光靠愤怒是无济于事的，我们要学会利用理性的思维找到解决问题的最好方法。当我们能够正确、全面地了解自己时，我们就会用理智的态度来考虑周围的人和事，不管遇到任何突发情况，都可以做到理智分析，沉着应对。

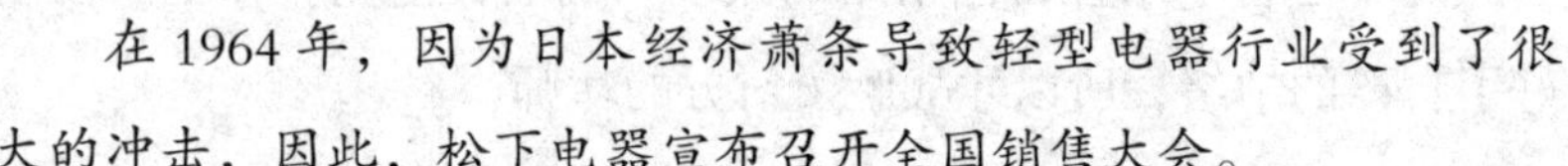

批评人时要学会适可而止

在 1964 年，因为日本经济萧条导致轻型电器行业受到了很大的冲击，因此，松下电器宣布召开全国销售大会。

因为会议的内容是关于公司销售业绩下降的情况，所以会议室内气氛非常紧张。销售数据统计，在 170 多家公司中，业绩好的只有二十多家，其余的公司业绩都是严重亏损。在会议开始的三天，所有公司的领导们都互相指责，松下幸之助则在不断地反驳他们的意见，而他们也在不断地反击，大骂松下公司。就在会议就要结束，局面将要失控的时候，情况却发生了转折性的变化。

在第三天最后的会议时，松下幸之助站在台上，说道："就在刚刚过去的两天时间里，我们互相指责、批评，把自己心中的不满全部说出来了，我也没有什么可以再说的了。现在，我有点感想，想和大家说说。以前的一切已经全部过去，公司能有今天，我们要承担起所有的责任。是的，松下电器有错，在这里我作为公司的最高负责人向大家道歉。从今往后，公司会用心钻研，让大家可以稳定经营，同时也会悉心接纳大家提出的宝贵意见，不断地改进。最后，请大家原谅松下电器的不足之处。"同时，松下先生向大家鞠了一躬。

会场立刻安静了下来，所有的人都低下了头，甚至还有人拿出手帕擦泪。

"请董事长多多指导，我们也有很多不足，今后，我们会继续加油的！”

随着松下幸之助的低头，会场的所有人也在不断地反省，继而相互鼓励，立誓要更加努力。

谨慎的批评要比那些喋喋不休的批评更容易让人接纳，产生的效果也会更加好。

凯丝曾经说过：“看一个人怎样批评他人，就可以知道他到底会不会说话。”确实，从批评他人的话语中我们可以更加清楚一个人的品质和涵养。一个懂得批评艺术的人肯定是一个道德高尚的人。

在批评时，我们要对事不对人，针对的是具体的事件、行为，并不是针对做事的人。每个人都需要得到他人的尊重，评判一个人本身和评判一个人做出的事情是有很大的不同的，给他人的印象也会相差很多。

哪怕是对他人提出批评，我们也要是善意的，做到以理服人。对别人的批评，我们要明确到具体的事件或者具体的方面，越是明确越好。

在杂志社采访路易斯教授时，他曾经说过：“每个选手都希望在球场上表现得最好，不希望自己有一点失误。假如哪位选手尽管已经尽力了但仍然犯错，并且他做到了自我反省，我就不会再对他施加压力、批评他。”在这个时候抓住他身上的优点表扬一下，不仅可以让气氛更加轻松，还可以让他自己激励自己更加努力上进。

就像松下幸之助那样，有时候自我批评、检讨要比互相指责效果会更好。

在指责他人之前，也可以先来说说自己曾经犯过的类似错误，一是可以让被批评者从实际例子中认识到错误的严重性，二是可以增进被批评者的认同感，拉近双方的距离，让气氛更加轻松，也让被批评者更容易接受和反思自己。把自己曾犯过的错误暴露在他人面前，目的并不是做自我检讨，而是通过自己的感悟来教育对方。这样更有说服力，更容易让对方信服。

一般批评最好在小范围进行，这样会让人感觉到亲近，也更容易接受；如果不得不在公共场合进行批评时，言辞也要慎重，不要兴师问罪。

任何一个会说话的人都知道，批评的话最好控制在三四句。会做工作的人，在批评他人时，总是三言两语见好就收，给对方留有一定的余地。

难办的事件，模糊表达

一些事情，明确清楚地说出来不仅伤害他人的自尊，也会害的自己被人误解，如果保持沉默，什么也不说也免不了让人认为自己蠢笨、没有能力。假如一些事情十分难办，而又不得不表态的话，就要学会模糊表达。这样，也可以给自己留有一定的进退空间。

某公司的两个部门的主管最近很反常，两个人之间感情恶化。

公司领导就把他们两个找来，说道："你们两个就像是鸟儿的左右翅膀，缺一不可，如果有一边的翅膀受伤、损坏，这只鸟儿就不能再次飞翔。希望你们两个部门互相帮助，共同努力，把工作做到最好。"

之后，两个部门领导的关系融洽了很多。

在上边的事情中，领导没有明确指出谁对谁错，激化双方的矛盾，只是模糊地表达出自己的态度，让双方都有了台阶下。这样两个人都保全了自己的面子，他们之间的矛盾也就这样轻而易举地解决了。

我们所说的模糊表达，意思就是我们运用语言的模糊特性，委婉、含蓄、礼貌地表达出自己的意思。这样不仅可以恰当地表达出自己的意思，而且也会让大家之间的关系更融洽。

曾经，有人问美国天文学家琼斯："你知道地球的年纪有多大了吗？"琼斯回答："这也很简单。你现在来想象下，有一座高高的大山，假如就是高加索的厄尔布鲁士山吧，再假想下现在有几只小麻雀每天都会在山上蹦来蹦去地啄着这座大山。那么这几只小麻雀多久可以啄完这座大山，地球就存在了多久。"琼斯这种模糊的回答，不仅解决了容易让人争议的问题，而且也让人们了解到地球存在的历史很久远了。

在平时生活中，如果我们遇到一些紧急的情况，比方说，在有人质疑或者不停地追问时，模糊表达可以很巧妙地化解难题。

这样不仅可以缓和气氛，而且还可以替自己争取思考问题的时间。此外，模糊表达还会让对方有一种神秘的感觉，让对方不会对自己的行为产生怀疑。

当然，运用模糊表达也要把握一定的尺度。避免歧义和误会，模糊语言不同于歧义语言，不能够既可以这样理解也能够那样理解。模糊语言要简单明了、不重复、不绕弯子。运用模糊语言要灵活，不能不分场合和对象地乱用，我们要做到该模糊时模糊、不该模糊时不模糊。

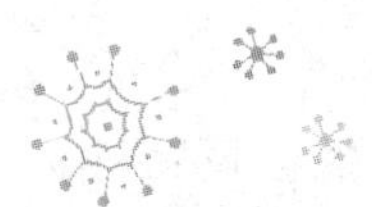

难听的话首先说

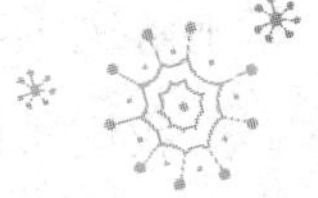

在和人交流时，许多人认为先说哪一句话都一样，但是事实并非如此，说话的顺序不同，对人的心理影响也不同，这就是心理学上的冷热水效应。

同理，在我们生活中和人交谈，运用冷热水效应，会让许多难办的事情简单化。先用冷水降温，然后用温水感化，你的感觉会有什么不同？我们来做一个实验：

首先准备三杯水：一杯冷水、一杯热水、一杯温水。先把手放入冷水中，再放入温水中，我们的手会感觉温水很热。但如果把手放到热水中，再放到温水中，就会觉得温水很凉。

同样的一杯水，实质并没有改变，却给人两种不同的感觉，这种现象就是冷热水效应。之所以我们的感觉会不同，原因就是我们心里的那杆秤的秤砣不同。当秤砣变大时，称出的物体重量

就在变小，而当秤砣变小时，称出来的重量就会变大。因此我们对事物的感觉，是会随着秤砣的变化而变化的。

鲁迅先生的老师曾说过：“如果有人想在房子的墙壁上开个窗户，一定会受到人们的反对，也不会成功。但是如果提出把房子的房顶掀掉，人们就会退让，同意开个窗户。”这位老师谈论的就是利用冷热水效应的方式来让对方同意自己的提议。当提出“掀掉房顶时”对方心理的“秤砣”就会变小，因此“在墙壁上开个窗户”就会更容易让人接受。我们可以运用冷热水效应婉转地劝说他人，如果你想让对方接管“一盆温水”为了使谈话更加欢快，可以先让对方感受一下“冷水”的滋味，然后再把“温水”端出来，这样对方一定会欣然接受。

某销售公司，因为工作需要，公司决定让市区的销售员小张到近郊的分公司工作。经理找到小张谈话，经理说：“经过公司的慎重研究，决定委派你担任一项重要工作。现在有两个地方，任你选择。一个是到远郊的分公司，另一个是到近郊的分公司。”尽管小张不情愿离开现在的工作岗位，但也只能在远郊和近郊中二选一，选择一个相对好的工作地点，这样他的选择和公司的安排不谋而合。最重要的是，经理不用多说什么，小张也觉得自己选择了最好的岗位，这样让双方都满意，问题也得到了很好地解决。

在这件事情上，“远郊”的出现让小张心中的“秤砣”变小，因此小张顺利地接受了到近郊区工作。尽管经理的这种做法，让人觉得给人的感觉不是很好，但是如果从公司和小张的角度想想，这确实是一个有效的好办法。

一次，一辆长途火车在路上行驶，车上的旅客被告知，因为要让车，需要临时停靠 1 小时。立刻，车厢里旅客们开始抱怨。过了 5 分钟，乘务人员广播：20 分钟后，列车会继续行驶。旅客们听到这个消息，心里顿时轻松了许多。又过了 5 分钟，广播通知列车马上就要继续行驶。尽管列车中间停留了十几分钟，但是旅客们却都十分高兴。

乘务人员便是无意中使用了冷热水效应，让乘客心中的“秤砣”逐渐变小，最终列车开始行驶时，乘客们会十分高兴，并没有一直抱怨。在我们平时的生活中经常会发生类似的事情，例如，对于餐厅的服务员来说，随时会面临着客人询问饭菜多久可以做好的问题，假如服务所说的时间比实际情况要多很多，等到上菜的时候客人会觉得十分惊喜；如果服务员说的时间比实际情况要少很多，客人就会抱怨甚至生气。

人的一生，免不了有不如意、并非故意给他人带来伤害的时候，在这种情况下，如果处理不当，就会让自己的形象大打折扣。假如可以巧妙地利用冷热水效应来操控对方的情绪和心理，不仅不会损坏自己的形象，反而会获得他人的好评。例如，当事业不如意的时候，可以先把最糟糕的情况婉转地告诉他人，哪怕最后失败了自己也不会进退两难。其实，这些利用冷热水效应的办法，本质上就是先通过一两处的“伏笔”让对方心里的“秤砣”变小，这样，他“称出的物体的重量”自然而然会变大。

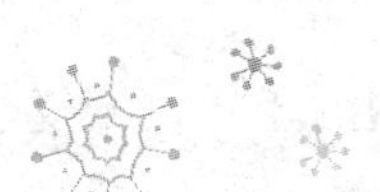

道歉要真诚

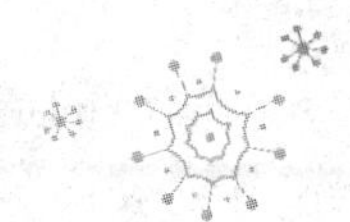

俄国的文学家托尔斯泰和屠格涅夫，是一对好朋友。1861 年，屠格涅夫著作的《父与子》完稿，他首先邀请托尔斯泰到自己家中看手稿并请求他提出自己的意见。午饭后，托尔斯泰实在是太困了，他读着手稿便睡着了，因此屠格涅夫很不高兴。

还有一次，屠格涅夫高度赞扬了他女儿的家庭教师，因为她教育自己的女儿替穷人缝补衣物，为慈善事业尽自己的一分力量。对此，托尔斯泰觉得没什么了不起，甚至是出言讽刺，这完全惹怒了屠格涅夫，屠格涅夫生气地说道："你的意思是我教坏了我的女儿？"托尔斯泰也毫不示弱，他们大吵了一架并且中断了联系。实际上，在这件事上，托尔斯泰是有错误的。屠格涅夫比他大了 10 岁，但是却得不到托尔斯泰的尊重。因为托尔斯泰一直没有勇气道歉，因此两人一直没有继续联系。

17 年以后，托尔斯泰主动写信给屠格涅夫，并且向他道歉："伊凡·谢尔盖耶维奇！最近我想到了和您的关系，我真的是十分高兴。对于您，我并没有一点敌意，感谢上帝，希望您也是这样，我知道您很善良，我也相信，您对我也没有一点敌意。请您原谅我之前在您面前的一切，我是错误的。"屠格涅夫立刻回信："很高兴收到您的来信，同时我也很感动，如果说我过去曾经对你有过敌意，那也已经是过去的事情了，现在只剩下我对您的一片怀念之情。"

真诚的道歉会换来真正的谅解，化解朋友之间的矛盾，恢复以往的友谊。

平时，我们也难免做错事情，需要向他人道歉。安娜贝尔曾说："做错事并不可怕，只要你会道歉，错误也会被消灭。"确实，谁都有可能犯错，我们犯了错误就应该勇敢地承认错误。

道歉，不仅需要心诚还需要说话的艺术。如果你可以在合适的时间，准确灵活地道歉，同样也会得到他人的尊重和喜爱。就像哈佛口才社团团长珍尼佛所说："一个会做事、会道歉的人远比一个不会做事又不会道歉的人更有价值。"

道歉并不耻辱，而是真挚和诚恳的表现。无论是谁都会犯错，就连伟人也不例外。一开始，丘吉尔对杜鲁门并没有好印象，之后他对杜鲁门说之前是自己低估了他，他这就是运用称赞的方式道歉。我们在道歉时不要为了保全自己的面子而寻找借口。表达自己的歉意一定要态度诚恳，发自真心的道歉，不要为自己找借口并做过多的辩解。

道歉表现的是你的真诚和勇于承认错误的勇气，这并不是示弱。当你的过错给别人带来麻烦时，不逃避，勇于认错，用最诚挚的歉意来化解矛盾，解决问题。

道歉，并不是简单地说句"对不起"，还应该拿出自己的诚心。勇于认错的人，一定是善于体谅别人，善于设身处地为他人着想的人。

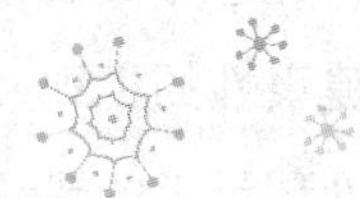

批评也要褒贬结合

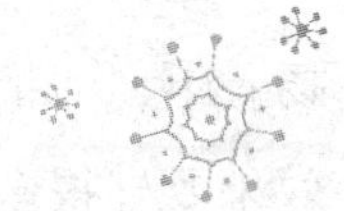

批评下属是一件有难度的事情，甚至一些管理经验较少的领导不知道该怎么办。如果领导不知道应该怎样批评下属，不仅会降低部门的工作效率，更严重的会影响整个团队的工作情绪。

批评是一种警示性引导。在管理者对下属进行批评时，必须注意方式方法，讲究批评的艺术。

这里有一个简单的好方法就是褒贬结合，在对下属提出批评的同时，在他表现好的方面也要给予高度的肯定。

乔治·本运用这种方法可以说得心应手，他总结出的“夹心饼”法，给很多的管理人员解决了很多难题。“夹心饼”法实际上就是把要批评的事情作为饼干的“馅”放在两件值得称赞的事情中间。例如：公司能有现在，离不开你的努力，我希望你能明白自己的位置，公司对你的表现寄予厚望！很明显，这个“夹心饼”的例子，就是把要批评的事作为“馅”放在两件值得表扬的事情之间，这样被批评者既不会感到难堪，又会更容易接受批评。被批评者既清楚地明白了自己哪里做错了，又认识到了自己存在的重要性，这样会更积极地改正自己的错误，更加用心地工作。玛丽·凯·阿什是美国有名的女企业家，每当她的员工在工作中发生错误时，他就会运用“夹心饼”批评艺术，她认为不管因为什么事件对员工提出批评，一定要找到员工值得表扬的事情在批评前或批评后来说，断不能只批评不表扬。

她说："批评必须对事不对人。在提出批评前，先想办法表扬一下，在批评后，再想办法表扬一下。这样提出建设性的批评效果要好得多。有一些研究管理办法的顾问认为在处理员工的错误时，可以先把员工臭骂一顿，直截了当地提出批评，让管理人员直接把自己的怒火发泄出来，等发泄完之后再通过几句鼓励的话来结束谈话。但是我却并不认为这样的办法有效，如果你把人先骂一通，被批评者肯定会被吓到，这时候你再说鼓励的话他们也不会听到心里去，这样的批评属于毁灭性的批评。"

在批评下属时，最好是在相对封闭的环境。但是，总有一些领导人脾气暴躁，容易冲动，当看到下属犯错的时候，就会不分场合地当面指责。这个时候，就和自己"丢了羊"似的，为了把损失降到最小，需要立刻采取"补牢"的措施，把因自己一时冲动而产生的副作用减少到最低。

张强开着一家小公司，他对待工作认真、负责，但是他的脾气十分火暴，要是被他看到公司的员工不认真工作，每次都会立刻说出来。一次他看到部门经理工作不负责，便立刻指出来，尽管这个部门经理很清楚地知道张强是为了公司，也并不是指责他一个人，但心里听到那些责备的话就是很不舒服。过后，张强冷静下来以后，知道自己又冲动了，而且他也知道其实这个部门平时的工作能力非常强，每次工作都可以又快又好地完成，只是偶尔会出点小问题，总体成绩还是非常棒的。

因此，张强立刻进行挽救工作。在下班后，他打电话把部门经理找来说道："今天让你受委屈了，是我没有详细地了解清楚就直接提出批评，我在这里向你郑重道歉。但是，你们部门的工作依然需要提高，我也相信你有能力做到。”

部门经理的委屈因为老板的几句话便烟消云散，而且觉得自己被老板信任，心里很高兴，从此，工作更加努力。

老话说得好，“打个巴掌给个甜枣”，如果在“打人一巴掌”后，给一个“甜枣”效果肯定比不给要好很多。当你一时冲动当众指责、批评了下属之后，这是一个非常有效的挽救办法。

论辩，最重要的是气场

肯尼迪曾经说过：“不要在害怕的时候争辩，但也不能因为害怕而不争辩。”辩论的目的其实就是为了证明自己，争辩是一场语言上的争论，更是胆量上的交锋，气场上的较量。

不管是像奥巴马一样的政治明星，还是像比尔·盖茨一样的商业天才，这些成功的伟人们都十分能言善辩，他们成功地向我们证明了辩论的重要性。

在 1960 年的 5 月，中国邀请英国的陆军元帅蒙哥马利到中国参观访问。

有一天，吃完晚饭，蒙哥马利在陪同人员的陪伴下一起在街上散步。当走到一家剧场门外时，他突然走向剧院。

当时剧场正在演出的节目是京剧《穆桂英挂帅》，陪同人员第一时间和剧场取得联系，给蒙哥马利安排了位置，并由翻译向他介绍了剧情和唱词。

在剧场中间休息时，他和陪同人员一起离开了剧场，他对陪同人员说："这出戏不好看，女人怎么可以当元帅？"陪同人员熊向辉向他解释："穆桂英是中国民间的传奇人物，人们都很敬佩她。"蒙哥马利说："真正的男人是不会喜欢看女人当元帅的，同样真正的女人也不会爱看女人当元帅。"

熊向辉说："在中国的红军中就有很多的女战士，而且目前解放军中也有女少将。"

蒙哥马利说："我向来很敬佩红军和解放军，但是从来都不知道会有女将军，这在很大程度上损害了解放军的声誉。"

熊向辉立刻反驳道："我知道，英国的女王也是女士，在你们国家，女王是英国的元首以及全国武装部队的总司令。"

蒙哥马利听完，便沉默不语了。

论辩最关键的问题就是"争"，争并不是争辩，而是争主动。要想把握主动权，就需要进攻。但是进攻不能冲动，要有理智把握好技巧，这样才会有更好的效果。在论辩中要始终坚定自己的原则和保持自己的震慑力，这样自己的气场才会更强大。

正面论辩是对对方提出的论点直截了当地反驳，明确地指出对方论点中的错误和有悖常理的地方，让他的观点不能成立，这是辩论胜利的关键。

包围进攻是在面对对方复杂的论点时，各个击破对方各个论点和论据，最后推倒对方的核心论点。

迂回进攻是不直接反驳对方的论点，而是从对方的态度和风度来开始进攻，从而抓住对方的核心论点，再进行反驳。运用这种方法，常会有出其不意的效果。

人们经常说“事实胜于雄辩”，因此作为一个合格的辩手，必须具有的是发现论证来源的能力。可以在辩论现场中，实时发现现场的一些事物来作为论据并以此反驳对方的论点，这就是我们说的就地取证战术。因为论据是在现场大家都可以看到，生动详细、直观性强、一说就通，因此具有较好的说服力。

不管我们是在谈判桌还是在辩论现场，经常会碰到盛气凌人的对手，他们的语言攻势凶猛、激烈，就像是锅里烧开的热水。在这种情况下，辩论的关键就是首先压制对手逐步上升的气势，要想从根本上解决问题，最好的办法就是抽去“锅下的柴火”。

“辩论的最高境界，并不是单纯的语言战争，而是一种气场上的相持。”确实，只有语言的争辩就像是吵架，真正的辩论是气场和技巧的融合。因此，学好并且运用好辩论中的技巧，才是在辩论中取得胜利的关键。

拒绝也可以很愉快

不论是谁都会有面临向爱人、亲人、好友等借钱或者在某件事情上请求帮助的事。如果我们并不愿意答应这些请求，但是碍于面子又不好说出拒绝的话，或者是不情愿地答应了，但心里却不高兴，抑或是假装答应了，却不去做，导致自己在别人面前失信，等等，这些做法无疑会让我们陷入为难的境况。

其实对于关系好的人的请求，我们能帮就应该尽力帮忙。面对实在不能或者有难度的请求，我们要想做到恰当地拒绝又不破坏自己和对方的好关系，就需要采取合适的解决方法。

电视剧《帕尔斯警长》中，警长夫人考虑到帕尔斯的前途以及生命的安全，希望他可以停止调查一个大人物杀害自己妻子的案子，说道："亲爱的，你就听一次我这个做妻子的要求吧！"他却是这样回答的："对的，你这话确实很有道理，特别是我最亲爱的妻子这样劝说我，我更应该慎重地考虑一下。但是，亲爱的，这个坏人的妻子可是被他亲手杀害的呀！"

当我们不好意思直接拒绝的时候，可以运用迂回的战术，转移话题或是找个更好的理由，只要我们合理地利用语气的转折，做到不答应但也不撕破脸。例如，我们可以先向对方表示惋惜或赞美，继而说明我们的原因并拒绝。因为之前自己感情的表达已经和对方产生共鸣，所以在你拒绝后，对方也会体谅你。

例如，当你遇到好友向你借钱的情况下，你确实无能为力，便可以婉转地拒绝他："要是可以的话，我愿意鼎力帮忙，刚巧我最近手上也不方便，真的是心有余而力不足！你特意来找我，而我却不能帮到你，真的是很抱歉。"

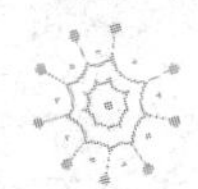

自嘲，是一种幽默的说话方式

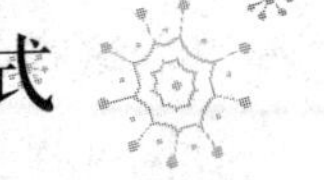

自嘲，是一种幽默的说话方式，表达的是一个人乐观的生活态度，他可以让我们的人际关系更加和谐，也可以消除我们在沟通中的胆怯。

俗语有言“醉翁之意不在酒”，同样自嘲体现的也是这个道理，在我们和人的交谈中，懂得自嘲也是很重要的。

在钱钟书的长篇小说《围城》重版、《谈艺录》和《管锥编》问世以后，他的名誉、声望日渐提高，拜访者更是日益增多。但是钱钟书并不乐意接受访问。有一次，一位英国的女士打电话想要来采访他，钱钟书在电话里回道：“假如你特别喜欢吃一个鸡蛋，难道还要认识那只下蛋的母鸡吗？”

钱钟书把自己比作“母鸡”，虽然是有意地贬低自己，但是实际上却是在说英国的女士实在是没有来拜访自己的必要。就像是我们喜欢拿别人的笑话来谈论一样，在合适的时候拿自己来调侃一下，这也不是什么坏事。

乔特是美国一位有名的律师，他就很擅长调侃自己。有一天，哥伦比亚大学的校长蒲特勒请他做演讲，校长高度地赞扬他是“第一国民”。本来这时候乔特可以表现得十分骄傲和得意，但是他却并没有这样做。他对这些赞扬不以为意，转而调侃起自己的“无知”。这样的自嘲让他一下子拉近了和台下听众的距离。

他说道：“刚才蒲特勒校长说道‘第一国民’，我有点不太明白，我想他一定说的是莎士比亚戏剧中的国民。你们的校长肯定是非常喜欢莎士比亚。众所周知，在莎士比亚的戏剧中，‘国民’不过就是一个装饰品，什么第一国民、第二国民、第三国民等等。每个国民的台词都是极少的，就算是可以说一点点，说的也并不太好。他们大部分都是一样的，不过就是换了下彼此的号数而已。”

不得不说这位乔特是非常聪明的，他把自己和听众放在了同样的位置，从而拉近了和他们的距离。他并没有停留在蒲特勒校长所说的高不可攀的位置上，或者是他换一种更庄重的说法，如：“你们的校长说我是第一国民，他就是说我不过就是舞台上的一个装饰品。”尽管表达意思相同，但是效果和自嘲式的语言却大相径庭。

在我们平时的交谈中，学会适当的自嘲，是赢得他人尊敬和拉近彼此距离的重要方法。拿自己来调侃下，会让我们赢得更多的朋友。相反地，如果我们为了显示自己的聪明，拿别人来调侃，用牺牲别人来成就自己，那样我们就很难交到一个真正的朋友，更不要说是成功了。

凡是成功的人都不会特意隐藏自己的缺点，相反，偶尔他们会拿自己的弱点来说笑。而在我们平时，我们经常会遇到一些人总喜欢隐藏自己的缺点，不想让别人知道。但是这样做，他们的态度肯定不够诚恳，久而久之和他们相处的朋友也会逐渐远离他们。

这个世上最可怜的就是那些有点聪明才智却不诚恳的人，他们自以为很幽默，常常拿别人来调侃，表现出自己很聪明、机灵，可是最后的结果却是人们都不喜欢他们，对他们避之而不及。

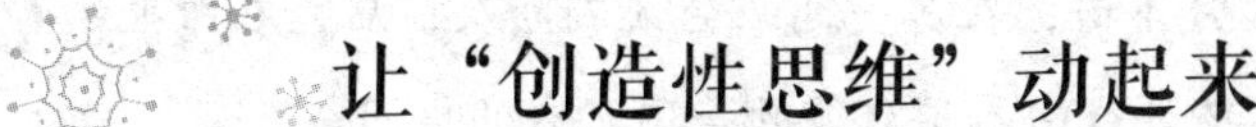

让“创造性思维”动起来

在1972年5月，美苏刚刚签订了关于限制战略武器的四个协议，在莫斯科一家旅馆里，基辛格向随行的美国记者团介绍这次会谈的情况。

基辛格微笑介绍着：“目前苏联生产导弹的速度大概每年有250枚……先生们，如果在这里我被当作间谍抓起来，我可知道应该怪谁哟！”

聪明的记者们听到他的话，立刻打探起美国的秘密。

“那我们在配置分导弹头的潜艇导弹有多少呢？在配置分导式多弹头的‘民兵’导弹又有多少呢”一个记者提问道。

基辛格表示道：“我并不清楚配置分导式多弹头的‘民兵’导弹的数目，关于潜艇，尽管我知道数目，但是让我为难的是，我并不知道这是不是需要保密的。”

记者说：“不需要保密。”

基辛格立刻反问道：“既然不需要保密，那你说有多少呢？”

记者无话可说，只好一笑了之。

基辛格先生是原美国国家安全事务的特别助理，他很擅长运用创造性思维来回答一些难办的提问。他之所以可以轻松地让美国那些难缠的记者不再继续追问，是因为他可以跳出记者的提问来进行思考。有关基辛格先生的活跃思维，还有一个这样的故事：

1972年5月下旬，在苏美高级会谈期间及前后，在维也纳和莫斯科基辛格巧妙地回答了难缠的美国记者的提问。

当时，基辛格陪尼克松总统去往莫斯科，在经过维也纳的时候，基辛格召开了一次记者招待会，会上主要是谈论关于马上要开始的美苏领导的会谈问题。他讲起了这次会议召开的原因，分析了两个国家的不同，并且谈论到了会谈的前景以及可能达成的协议。

这时,《纽约时报》的记者马克斯·弗兰克尔提出了一个问题："到时候,你会把会议的内容一点点地宣布还是像倾盆大雨那样，成批地发表声明呢？"

基辛格回答道："哦，我明白了，你看马克斯同他的报纸一样是多么公正啊！他要我们在倾盆大雨和一点点之间做选择，所以不管我们怎么做，总是糟糕透了。"然后他稍微停顿了下，有板有眼地继续说道，"我想我们会一点点地发表成批的声明。"全场立刻捧腹大笑。

每一个有所成就的人，都具有创造性的思维。有许多人抱怨自己没有灵感、没有好的创意，实际上思维是没有界限的。虽然经验和常识可以让我们少走弯路，更快更好地解决问题，但是也往往会把我们带入“习惯”的盲区。

第六章 巧妙地运用说话技巧让你把话说得更好

我们说出的话，既要让听众理解我们所要表达的意思，认同我们的观点，也要让听众们都喜爱听，这就需要我们在说话的时候运用一些技巧。本章节主要是从如何构建说话的画面感、使用通俗易懂的语言、合理恰当地运用一些材料和修辞技巧来包装我们的语言，以及在我们平时说话中如何表述得更清楚，更能吸引他人的注意，在一些尴尬的场合如何运用幽默的语言来更好地和人交谈等方面做了具体的讲解。另外，本章还对想做一个让人喜欢的交谈者应该养成的良好的说话习惯做了详细的介绍。

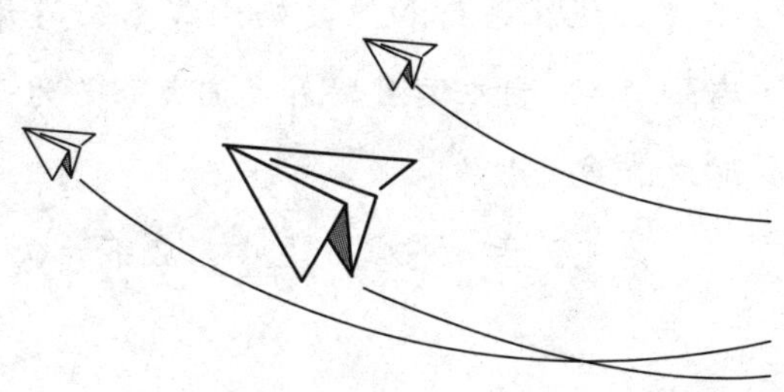

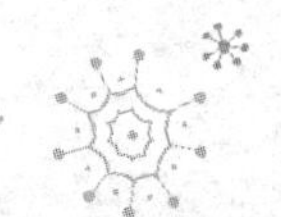

把说出的话“景象”化

有一天，卡耐基为同学们演讲“生命是如何度过”这一话题，奇怪的是他一直带着一件用毛巾盖着的物品。当演讲开始的时候，他把物品放在了桌子的右边，每次演讲到情绪激动的时候他就会慢慢地抚摸下这个物品。卡耐基热血沸腾的演讲和充满感情的声音感染着每一个人，人们也都很想知道他抚摸的这件物品究竟是什么东西?

卡耐基演讲时说：“在美国的南北战争中，有一名叫作莱特的战士，尽管他只是一名普通的士兵，但是每次冲锋他都冲在最前面。他一直以来的愿望就是解放南方的黑人奴隶，让他们过上自由和民主的日子。莱特在战争中的英勇表现让他获得了许多勋章，可是就在他又一次刚刚收到一枚勋章后，莱特，我们亲爱的莱特，在一场遭遇战中，不幸身亡了。在他临死的时候，他手里紧紧地握着那枚勋章说：‘请把它交给我的妈妈。’当人们把勋章送给他母亲的时候，人们才知道原来他的母亲只有莱特一个亲人了。他的母亲和莱特一样伟大，宁可一个人孤独地忍受着晚年的辛苦生活，也要把自己唯一的儿子送去前线。虽然，现在莱特和他的妈妈都已经离开了我们，但是这枚勋章却一直在，它永远激励着我们大家要为了大众的利益而拼搏，看，它就在这儿！”

说完，卡耐基拿开毛巾，底下的盒子立刻呈现在听众眼前，

他慢慢地打开盒子，一枚金黄色的勋章安静地躺在红色的绒布上面。在这一刻，会场安静极了，甚至有人偷偷地流下了眼泪。

卡耐基曾经说："景象，就像是我们呼吸的空气一样，尽管它是免费的，但是如果把它放在我们的演讲里，就会让更多的人喜欢我们的演讲，演讲也会更有感染力。"

正是因为卡耐基演讲的动情景象，所以让听众偷偷地流泪。

心理学教授德维特同样说过，要让听众"看见"自己的话，这就需要我们在讲话的时候运用景象描绘的语言技巧。景象描绘实际上是使用可以让人想象出景象的语言。往往刻画景象的好手都是可以让人感到轻松愉悦的演讲者。

不管是人际关系大师卡耐基还是苹果公司的创始人乔布斯，大部分的成功人士都是出色的演说家。他们知道如何把话说得更得体，如何让听众"看到"自己所说的景象。

成功的演讲者说话是有变化、有波澜、有转折的。波澜实际上就是悬念，讲话有了悬念才会更扣人心弦，才会让人更有听下去的强烈愿望，演讲者本身也会更有精神。同时演讲者演讲必须要投入，要有身入其境的感觉，这样才会更真实，演讲才会更有效果。而且演讲的语调一定要从容自如，演讲的内容要挥洒自如，这样才会更加吸引听众的兴趣。

开口之前一定要先思考

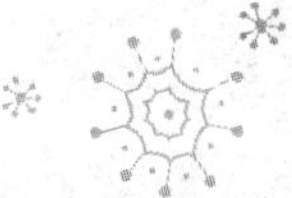

克雷孟特是美国一位有名的主播，他曾经说：“一个人不管是说话还是做事情，一定要先经过大脑的思考，否则的话，他的脑袋就是一个空摆设而已，他没有自己的思想，有的只是表面的感觉。”确实，在平时生活中我们经常会遇到说话不过大脑的人，在和人的交谈中，他们很轻易地会让自己处在尴尬的地位。

在威尔逊刚刚入选新泽西州州长的时候，有一次宴会，宴会的举办人为了奉承他，介绍他是“美国将来的大总统”，威尔逊听到主人家的奉承，先讲了几句开场白，然后说道：“曾经，我听到过这样一个故事，我一直认为我和这个故事中的人物很像。在加拿大有一群人很喜欢钓鱼，他们当中有一个叫约翰逊的人，他很大胆，一次他尝试喝一种烈酒，并且喝了很多，因此他醉得很厉害。在他们乘坐火车的时候，这个醉汉搭坐的是往南的火车，刚好和他们要去的地方是相反的。他的朋友发现后，立刻给往南开的火车列车长打电话：‘请您把一位叫约翰逊的矮人送到向北开的火车上，他喝醉了，坐错车了。’约翰逊既不清楚自己的姓名也不清楚自己要去哪里。而我现在只是知道我的姓名，但是却不知道我的目的地在哪儿。”人们听完后开怀大笑，谁都十分高兴，从这以后，威尔逊声名鹊起。

我们所表达的语言，其实表现的就是我们的思维过程，也就是说把我们要说的话和怎么说之间进行相互转换：思想——句子类型——词汇——语句。这就是一个完整的过程，无论哪一个环节出现了问题，最终的语言表达都会有所不同。

威尔逊聪明的回答，不仅不会让人认为自己过于骄傲而引起他人的排挤和忌恨，而且还让人们更尊重他。

心理学家布鲁克，曾经说过："在和人交谈的时候，一定要带着自己的脑袋，否则它就是一个简单的装饰品而已。"和人说话，要先思考再说出口，这样我们说的话才更有意义。怎么样才可以让我们的话语变得更有意义，可以试试定向思维。定向思维就是按照常规、一定的模式进行的思维。

我们可以运用些简单地叙述、说明、介绍等方面的话题进行定向思维的训练。为了让思维更有条理，表达得更清晰，建议在表述的过程中插入些经常使用的关联词语，例如："因为……所以""于是"；也可以按照时间的先后、位置的移动来表述；或者是采用总分等方式进行练习。

逆向思维训练就是反过来，把肯定变为否定，把正面变成反面。比如："这山望着那山高"一般比喻一个人贪心不足，含有贬义的意味。逆向思维就是化贬义为褒义，也可以有较好的效果。比如：爱因斯坦通过自己的努力敢于取代牛顿经典物理学，这说明我们要有"这山望着那山高"的进取精神。

发散思维指的是表达者的思维向着各种可能的方向扩散来引出更多的新的信息，以此来达到创新的一种思维方式。发散思维主要有两种方法：

1. 链接法，卡耐基在训练学员即兴演讲的时候就经常使用这种方法。卡耐基要求学员开始说一个故事的时候，说到一部分，便让学员停住，让下一个学员继续叙说。

2. 连点发，把出现在大脑中的人、事、物按照一定的顺序和结构连接成篇。比如用“明媚、花红柳绿、莺歌燕语”，三个关键词写一句话，可以这样写：“春光明媚，我们一起去野外踏青，眼睛里看到的是花红柳绿一片生机盎然的景象，听到的是莺歌燕语、欢歌笑语，真是一片祥和的美景呀！”

接地气的语言风格

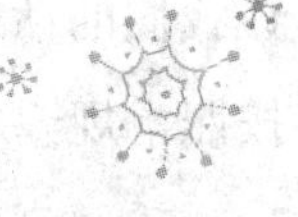

林登·贝恩斯·约翰逊是美国的第36任总统，人们评论他的语言“既残酷又粗鲁，既蛮横又无礼，但他的讲话却是有声有色、很接地气”。在他身边就职的新闻部长曾经评价他说：“他可以创造出很多幽默的语言……”在约翰逊还只是美国的副总统的时候，有一次国会的秘密会议上，当约翰逊提出自己的观点时，所有的人都反对他，他非常气恼，便气冲冲地离开会议室，并对他的助手说：“现在我终于明白了caucus（国会秘密会议）和cactus（仙人掌）有什么不同，那就是仙人掌的刺是长在外面的。”

还有一次，他在和人们谈论忠诚的时候说道：“我最喜欢的忠诚是有勇气在众目睽睽之下亲我屁股式的忠诚。”

约翰逊的这种说话方式，很多人并不以为意，他们只是轻蔑

地说："毕竟他是一个土生土长的质朴的人呀！"但是，更多的人认为，约翰逊利用这种干脆的、一点也不避讳的语言只因他想要语不惊人死不休。

接地气的语言风格的形成，需要我们做到不生搬硬套他人的方法，只表现属于自己风格的东西。学习他人的长处是一件好事，但是不要模仿他人的说话风格和语气，这个道理不用多说，大家也会明白。另外，在说话的时候要自然，放轻松。

一些人在和他人说话的时候，经常装模作样或戴上虚伪的面具；一些人则是非常热情，甚至是故意做出让人喜欢的姿态；一些人表现得急于求成，就像是在做商业广告似的。这些人所犯的错误就是他们表现的不是本来的自己，所以别人自然不会赞同他们的看法。我们还经常会遇到这样一种情况，同时同地进行演讲，由于时间、地点、气氛以及主题的限制，会经常出现"千人一面"的现象。这时，要想别出心裁，就需要有"大路拥挤走小路，小路人多爬山坡"的接地气精神。人们总会对新奇的事物格外关注，所以，演讲是否新奇就会成为演讲能否成功的关键。这时候我们要创新也要接地气，可以参考下面两点：

第一，接地气必须要扬长避短、朴素真实。这样的方法又快又便捷。要是用得恰到好处，会带来意想不到的效果。例如，演讲者本来就不是一个善于使用华丽词语的人，就可以使用平时朴素的语言，来表现自己的真诚，这样人们会更容易接受演讲者的观点，也会让人觉得更有亲和力。

第二，一定不要说"蠢话"。说话一定要注意场合、对象、立场、预警和语调、语气，否则很容易让人误会，在很大程度上影响说话的质量和效果。例如，一些人因为自己的地位高于别人、资历比别人更丰富，觉得自己比别人更优秀、比别人懂得更多，因此在说话的时候会经常以说教的口吻。尽管他的说教也有可取之处，忠告也是正确的，只是因为他说话的语气和口吻容易让谈话的对象有反叛的情绪，效果也不会理想。所以，在和人谈话的时候，应该避免妄自尊大的情况，而是应该以鲜明、生动、形象的语言让人心服口服。

喜欢说空话、大话的人说出的话都很离谱，很多话要么与事实本身不符，要么就是简单地说，没有中心。心理学教授丹尼尔说过："想要在和他人说话的时候，被他人所喜欢，其实很简单，只要我们不说别人讨厌的话就行了。"

把话说好要学会正确地利用材料

拥有说话的材料是第一步，也是非常重要的一步。在平时生活中，我们要多收集一些材料，收集的材料不仅要全面，还要多，只有我们收集的材料多了，利用起来才会更方便，选择的余地才会更多。

我们收集材料的目的是为了方便我们选用，所以我们还应该学会正确地利用材料。在收集材料的同时，首先要清楚自己的目的和目标，根据自己想要达到的目标，有意识、有计划地收集相关的材料。另外在收集材料的时候要注意收集一些有代表性的、情节和细节都比较详细的材料，收集的材料一定要真

实，实施效果好的材料。讲话时选择的材料，一定要有吸引力，要能够紧紧抓住听众的心，这就需要准备的材料具有以下几个特点：

1. 新

意思就是选用的材料讲的一定是新人、新事、新成果、新情况、新面貌，新道理。最好是选用听众最近都比较关心的新材料，这让表达的情感和思想才会更具有感染力。不要照本宣科，不断地重复一些陈词滥调，这样只会让听众觉得乏味，失去听讲的耐心。另外，我们也要学会分析，从旧材料和普通材料中发掘新的看法。

2. 真实

收集的材料一定要是真实的，包括人物、事件、情节、经验、地点、数字、引文等等一切必须是可靠的。尤其是在我们写演讲稿所引用的材料，一定要认真调查、核实准确，要是条件允许，尽量多准备第一手材料，绝不可以为了让自己的演讲更“感人”而胡编乱造、添油加醋。

要是使用的材料是不真实的、随意捏造的，或者选用一些偶然的、个别的材料，这些都不能够客观地反映事情的本来面目，也是一点意义都没有的。

3. 有趣

有趣就是我们要找一些趣味性强的材料。

如果你总是认为和他人交流是一个很难的问题，最重要的原因就是你对应该讲什么样的话不是很清楚。有一个很普遍的现象：一些人总认为只有那些不平凡的事情才值得拿出来交流。

当你和人交流时，你就总想找一些荒谬绝伦的事情或者是一些触目惊心的话题，当然，这些事情确实会让人都很有兴趣，如果可以在谈话的时候听到这类事情，人们都是很热衷于一起参加谈论的。但是事实上，这类的事情并不是很多，那些在社会上引起很大反响的新闻，即使你不讲，别人也会知道。就算你亲身经历过的一些很特别的事情，你也不可能每次都拿来到处讲。另外，你在一个场合讲很受大家喜爱的故事，在另一个场合未必也会让大家喜欢。

实际上，人们不仅仅是喜欢听一些奇闻异事，人们还喜欢和朋友一起谈论一些日常生活中的普通经验，这些都是应该准备的材料。比如：孩子上学择校的问题；花木养护的问题；最近新上映了哪些好看的电影、电视剧等等，这些都是比较好的说话材料，而且一般人也都会有兴趣。因此，哪怕你没有准备一些奇闻异事的材料，你也可以从我们的日常生活中发现一些让大家都感兴趣的话题。

另外，人们还有一个误区，认为只有谈那些深奥的、有学问的话题，人们才会更尊重他。步入这个误区的人，经常会想着和别人谈论一些抽象的哲学或是高科技的话题，问题是尽管你准备得很充足，但很难找到同样兴趣相投的讲话对象，因此，在很多场合你才会觉得不知道说什么好。

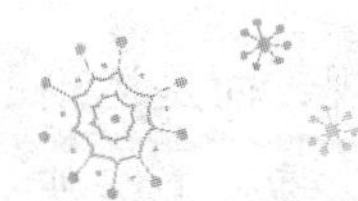

语言也要学会包装

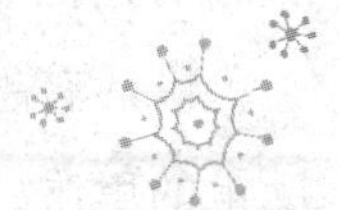

埃弗雷特，美国的前国务卿，有一次在葛底斯堡国家烈士公墓揭幕式上发表讲话。当他看到远处一座座的大山，眼前一片片的原野，以及伫立的人群、肃穆的气氛，让他有所感触，他便抛开演讲稿，临时发挥兴致讲道：

“站在这纯净的蓝天下面，站在人们每年辛勤耕种的田野上，放眼望去，宏伟的阿勒格尼山脉矗立在我们前面，我们亲爱的兄弟们的坟墓在我们的脚下，我真的不敢用我这无足轻重的声音来打破上帝和大自然安排的这回味无穷的宁静……”

这个开场白十分精彩，演讲者被眼前的景象和气氛所感染，有感而发，临场发挥，每一句话都让听众的心里为之一振。

心理学教授范伦丁在一次社交礼仪的讲座上也曾说过：“如果想让别人把自己说的话听进去，就要让自己讲的话充满生命力。”我们说话的目的就是为了让人听进去，认同它，否则说的就是废话，没有任何意义。带有生命力的讲话，不但可以让他发挥作为话语的功能，而且还可以让人有美的享受。为了让我们的讲话更有力量，就要学会包装语言。

美国前国务卿埃弗雷特的演讲之所以可以让每一个听众都为之感动，完全是因为他的演讲充满了生命力，他的语言优美而富有感情，说话充满了力量，说到了人们的心里。

讲话有趣，是一种“快语艺术”。它不墨守成规，而是运用反常的思维，想得快、说得也快，触景即发，说话风趣，说话既是意料之外，又在情理之中。例如，有一位将军问一个战士：“马克思是哪个国家的人？”战士想了一下说道：“法国人。”将军说道：“哦，马克思什么时候搬家了？”对于这些常识性的问题都回答错误了，将军很不高兴，但是将军风趣的回答，既幽默又对战士提出了批评。

之前我们讲到过利用修辞的技巧可以装饰我们的语言，要是使用极其夸张的、反常的、含蓄的比喻、反语或者对比、拟人等修辞，便会给语言带来更加突出的表达效果。

假如我们是个“有心人”，在平时多加积累，我们的语言材料也会越来越丰富，比如谚语、格言、趣闻、笑话等，我们都可以提取并通过加工利用，这样我们的语言就会更加有趣。

学会用修辞的技巧来装饰我们的语言

史密斯，英国人，律师、保守派政治家，在1915年到1919年期间，担任代理检察长，后来升为大法官。

在他代理检察长的时候，他并不是一个俱乐部的会员，但是却常常在会议的中途停下来使用该俱乐部的卫生设备，他的这一行为让该俱乐部的会员十分恼火。会员们对他的行为十分不满意，他们要求管理人员制止他的这种行为。

一次，史密斯又泰然自若地走进了这家俱乐部的卫生间，然后立刻有一位侍者跟进来，他提醒史密斯，这家俱乐部属于私人俱乐部，俱乐部有规定，只对内部员工开放。

史密斯便随口说道："厕所也是俱乐部吗？"

"厕所也是俱乐部吗？"没人想过这个问题，但是史密斯想到了，从而也巧妙地解决了侍者的责难。

史密斯运用反问的修辞技巧既巧妙地回击了侍者的为难，也不至于让自己难堪。沟通学讲师琼纳斯曾说："在我们的讲话中运用修辞技巧可以让我们的话更生动、更容易让人接受和理解。"因此，适当地使用修辞，不但能够让我们的语言丰富动听，还可以更清楚地表达我们的意思。

1. 运用比喻的技巧

比喻就是运用跟某一事物有相似特点的另一事物来说明某一事物，以此把自己想要表达的意思更加明确形象地展示出来。比喻通常是用具体的、大家都常见的事物来描述抽象的、不经常见的事物。不管在什么样的场合下，要是想借题发挥，比喻是一个相当不错的方法。

此外，在我们碰到一些难以正面回答的问题，为了避免尴尬，我们也可以巧妙地运用比喻回答，这样既可以生动形象地表达出自己的看法，也可以让说话的气氛更加轻松。

2. 运用反问的技巧

反问是使用疑问的语气提出问题，表达自己肯定的观点，只问不答，因为答案就在问句之中。运用反问的技巧可以让我们的观点表达得更强烈。

在谈话中运用进攻，一般比正面的提问更具有力量，表达出的感情更加强烈，有较强的批判和讽刺作用。我们还可以利用反问，反攻为守，把问题抛给对方，让自己站在主动的位置上。

反问进攻有很多表现形式，下面就从以下几个角度介绍下：

（1）肯定式反问

用肯定的话语进行反问。

（2）否定式反问

用反问的话语，否定对方的观点。上文中的史密斯就是使用的否定的反问方法。

（3）步步逼问式

这就要求不但能说，还要会听，可以准确地抓住时机向对手提出问题进行连环式反击，让对方因为顶不住压力而退让。

（4）诱发反问式

这需要我们有计划地通过提问来引导对方步入我们的陷阱，来让对方不得不承认某件事情，来达到自己的目的。

3. 运用比拟的技巧

比拟就是把物体比作人抑或把人比作物的一种修辞手法。比拟可以让事物的形象更加生动，表达意义更具象，如果运用到说话技巧中，会有较好的幽默和讽刺的效果。

运用比拟手法需要我们注意以下几点：

第一，比拟的事物之间要有一定的联系，这样才可以让听众因此产生联想。

第二，比拟也要适度，不能太过，避免造成对人的恶意攻击，

引起不良的效果。

第三，根据自己的目的，围绕着谈话的主题，切不可为了卖弄自己而胡乱比拟。

4. 运用双关技巧

双关就是运用词语一音多字或者一字多意的特点，有意识地使用双关语，表面上表达一个意思，实际上表达的是作者的真情实感。

在双方唇舌交战、场面带火药味的情况下，我们可以采用双关的语言技巧，把我们要表达的意思通过比喻等修辞说出来，这样既能保持自己的风度，也可以让对方没有挽回局面的余地。

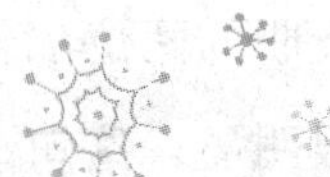

表达一定要清楚、明白

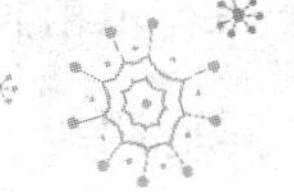

对说话的最根本要求就是：我们讲出的话必须是别人可以听明白的。

第二次世界大战的时候，一天，天空云雾迷蒙，在伦敦的上空发现一架不知道从哪里飞来的飞机，英国的战斗机立刻飞上天空出击，在要靠近对方的时候，发现这架飞机是一家中立国的民航机。英国的战斗机立即把这一情况汇报给地面指挥部，并请求下一步指示。地面指挥部回道："不用管它。"因此，英国的战斗机发出火炮，击落了这架民航机。最后，英国为这件事支付了一笔大额的赔偿款。

在这件事上，英国的战斗机和地面指挥部都有错误。首先地面指挥部，不应该用“不用管它”这样模糊的语言来回答战斗机的请求。这既可以理解为“别管它，让他飞吧”，也可以理解为“别管它是什么飞机，先击落它。”

在这种情况下，表达的语言一定要明确、清楚，不可以含混不清，否则它会给我们带来很大的麻烦，甚至是得罪一些人。

公司内部有人员流动是十分正常的现象，一个聪明的部门主管一定会在有人离开后，通过自己的语言来安抚留下来的人。实际上，很多的部门领导人并不太注意这一方面。例如，一个公司的部门主任手下共有六名员工，一天，有两位员工离职了，这位主任很担心，便对其余的四名员工说：“我们部门离职的两位都是聪明能干的，看来我们的前途也是不好说呀！”很明显，这句话不仅让留下来的员工不高兴，也会让工作的气氛更压抑。

或许这个部门主任对其余的四位员工并没有恶意，但是因为他不清楚的话语，让这四个员工心理有了负担，难免他们在今后的工作中，会带有抵抗的情绪。一个说话明白的人，总是可以明确、清楚地表达出自己的意思，也可以把自己想表达的道理讲得很透彻，让别人欣然接受。因此，为了让自己的表达更清晰、明确，一定不要说有歧义的话语。

要是听者是普通的听众，一定要使用简单、朴实、平易近人的话语，尽量减少专业术语，千万不要咬文嚼字，自以为是，否则对方不会轻易接受。要是听者具有较高的文化修养，我们则可以适当地用些文雅的语言。

利用右脑思维，让我们的聊天更愉快

在《一个全新的大脑：为什么右脑人将会统治未来》中提到，在之前的时间里，全世界都在从线性思维逐渐转变为概念思维，这就代表着，决定人们未来的会是那些“图画型”的思考者，即拥有右脑式思维的人。

或许你不是很明白这和我们讲的话题有什么关联？通俗来讲，我们人类大多数是通过左脑来组织语言、传达信息的，左脑思维者一般会在大脑中构建出一个框架，继而通过用各种事例和数字来支持自己的看法。这种思维方式在列购物清单和安排活动的时候，效果很好，但是在传达一些比较复杂的信息时，还是右脑式思维更加方便。

现在我们首先来了解下什么是右脑式思维和左脑式思维。

左脑式思维者更注重的是逻辑关系。他们关注的主要是细节和事实信息，这种人很讲究次序和实用性，他们往往会发展成为“数学和科学型”人才。而右脑思维者更注重知觉，他们更多地会关注画面感强烈的信息，关注词语的含义远远超过词语本身，他们想象力丰富，但是性情较为冲动，这种人往往容易发展成为“哲学和宗教型”人才。

一般情况下，我们大部分人都是其中一种思维方式者，但是有的人也会同时是两种思维方式者。在网上有过这样一个测试：测试的游戏对象是一个不停地在屏幕上旋转的舞者，假如你看到的舞者是按照顺时针的方向旋转，那么你就属于“右脑思维者”；假如你看到的舞者是按照逆时针的方向旋转，那么你就属于“左脑思维者”。而测试的结果则是很多人既可以看到舞者在逆时针旋转，也可以看到舞者在顺时针旋转。这也就表明了，哪怕你是左脑思维者，也可以用右脑思维者的方式思考问题。

一般人认为，既然是我们的左脑掌管着语言功能，可以把我们看到的、听到的、触摸到的、闻到的和品尝到的信息转换成语言来表达出来，那么只要我们的左脑发达，那么我们的语言能力也一定很突出。事实上，这种思想是不全面的。因为我们在说话的过程中,用到的不仅有语言,还有很多的实用信息,而右脑的“信息地图”可以更好地帮助我们传达信息。

我们所说的“信息地图”，其实就是利用右脑式思维来组织信息，它可以帮我们找到最恰当的词语，用不同于左脑的方法来合理地组织这些词语。“信息地图”也叫作“簇式思维”，它可以让我们快速地、清楚地知道要表达的信息，不管这些信息是以什么样的方式存在，写在纸上或者黑板上抑或是写在墙上的表格中。这种思维方式不仅包括了一些词语，还包括了很多符号、色彩和特殊的格式，所以可以最大限度地激发我们的创造性思维。

所以不管是在工作或是生活中，如果你想要传达一些相对复杂的信息，并在开始以前列出你想要说的内容，那么，运用右脑思维可以帮助你协助左脑思维，并加深记忆。

要引起听众的注意，可以试试提出问题

相对于简单地叙述，要引起听众的注意，提出问题则是更好的方式。单纯地叙述标题和提问式的标题，哪一个更让读者有兴趣继续阅读呢？根据心理学家的统计表明，读者更愿意阅读那些用提出问题为标题在报纸上发表的文章，这是由于提出问题可以让读者做进一步的互动思考。这种情况出现的原因是什么呢？心理学家解答说："和简单地叙述相比较，提出问题更容易引起听众的注意。"因此，不管是演讲还是平时说话，我们可以试试提出问题，而不是一味地单纯叙述。

一个精明的谈话者一定会根据环境、时间的不同来灵活地选择不同的提问方式。

直接提问的方式，直截了当，兵贵神速。如果我们需要给出对方确切的回复的时候，直接提问不失为一种完美的方法。但是必须要把握场合和时机，避免出现生硬尴尬的局面。假如双方关系并不是十分密切，而且在工作中处于平等位置，为了防止不愉快的事情发生，就要避免使用这种提问方式。通常情况下，这样的提问方式更适用于双方关系比较密切的人身上，例如父母对子女的批评，上级对下级的谈话。

在不方便提出直接提问的时候，我们可以采用间接的提问。

诱导型提问的目的是为了让对方接受自己的观点而有意识地向对方提出问题，引导对方的思路跟随着自己的思路而走，从而让对方认同自己。例如，老师在对学生提出批评以后，常常会继续问道："你认为这样做对吗？"卖茶叶蛋的人，提问"要一个还是要两个"效果要比"要不要茶叶蛋"的效果要好很多，实际上这就是一种诱导，通过提问引起对方的思考，从而明白某个道理。

攻击性提问就是通过问题来直接打败对手。采用这种方式的时候需要注意的是我们要把握好时间、地点、对象，或者在对方提出极不友好的问题时，我们为了在心理和气势上占先机，也可以采用这种方式。

能熟练了解和运用各种提问方式，可以让你的交谈能力有很大程度的提高。例如，在里根和卡特竞争美国总统的时候有一段精彩的辩论，里根挑战性地向卡特发起了提问："在投票前每个公民都应该仔细想一下这几个问题：你的生活是不是比四年前更好了？美国在国际上是不是比四年前更受尊重了？"里根的提问攻击性极强，并在选民中反响强烈。结果，据辩论后的民意检测统计，支持里根的选民人数直线上升。

调整好说话的语调和节奏

萧伯纳，爱尔兰人，作家，在1925年获得诺贝尔文学奖。他曾说过："通过书写来表现的艺术，即使在文法上再怎么优秀，在表达语调的时候也是力不能及的。"比如"是"字，可以有50种说法，"是不是"可能有500种说法，但是写法却只有一种。

萧伯纳说的话很确切地说明了：语言是非常奇妙的，同样的内容，不一样的表达方式，或者是同样的表达方式，用不一样的语调和节奏说出来，表达出来的感情和态度就会有所不同。就像高尔基说的一样，要“让我们说出的每一句话都是在歌唱”。

语调是由声和气组合而成的，不同的语调是不同的声和气在人们长期使用中逐渐形成的，有显著的社会性和普遍性，属于约定俗成的。语调主要包括思想感情和声音形式两部分。它不会因为个人的意志不同而发生改变，我们在使用它的时候，也只能遵照它的这一特点。

需要我们注意的是在用不同的语调表达我们不同的情感的时候，一定要保持语言、语意、场景、主题、语气和措辞之间的统一。

一些人喜欢在开始说话的时候便语惊四座，并运用不停变化的语调给演讲披上一层神秘的轻纱，一开始就把听众震慑住。请看下面这个故事：

在 1941 年 7 月 3 日《广播演讲》开始的时候，斯大林说道：“自从 6 月 22 日开始，希特勒德国便违信背约向我们的祖国发起了军事进攻，一直持续到现在。我们的军队一直在顽强地抵挡，尽管我们已经把他们精锐的师团和空军部队击败，但是敌人却不断地从前线调动主力军队，继续对我们发起进攻……”

斯大林这样的开头，从让人惊讶的事情开始说起，听众听到后都十分惊讶。

运用突兀的语言，不但要求演讲者拥有大量的知识来支撑自己的语言，最重要的是演讲者需要掌握好使用方法。通常来说，运用突兀语言的目的就是为了增加语言的表达效果，以最快、最有效的办法来引起听众的共鸣。所以，在使用突兀语言的时候要注意和后面的演讲内容相协调，否则会让人有一种虎头蛇尾的感觉。

口才出众的人在演讲的时候轻重缓急的节奏把握得十分好，听他们说话就像是在听一个出色的指挥家把语言当作一首美妙的交响乐曲在指挥，演奏出动人心弦的乐曲。这就像是一场盛大的语言盛宴。

在我们叙述一件重要的事情，或是宣布重大的决定，抑或是振奋人心的事情的时候，比较适合使用慷慨的节奏。因为这样可以产生强烈的感染力和鼓动力，听众听到后也会为之振奋。

而在一些比较郑重的环境中，比如叙述悲伤的事情或者慰问、怀念、吊唁等情况下，为了营造庄重、低沉的氛围，演说者一般会放低自己的声音，会用低沉、缓慢压抑的语言来叙述。

在对一些问题提出议论、发表看法的时候，说话的声音最好介于慷慨和低沉之间，音量和语速都要适中，对于一些重点词汇的表达要有力清晰，把每一个字的节奏都用重音读出来，给人一种清楚从容的感觉。

在我们平时的交谈中，一般是运用比较轻快的语言，这会让交谈更加愉快。在一些紧张的环境中一般运用较快速的语言表达，会给人一种紧迫、急切的感觉。说话的时候没有时间的停顿，就是为了吸引听众的注意力，通常会在汇报重要的情况或者需要立

刻澄清事实的申辩中使用。

在通常的说明性、解释性、叙述探讨的演讲中我们可以使用比较舒缓的节奏，这是一种稳重、缓慢、和谐的表达方式。声音、语速从容不迫，让人有一种安适的感觉。

不同的演讲需要不同的语言节奏和语调，作为一名优秀的演讲者，要学会根据说话的内容、场合、兴致的不同选择合适的语言节奏，这样会让你的演讲事半功倍。

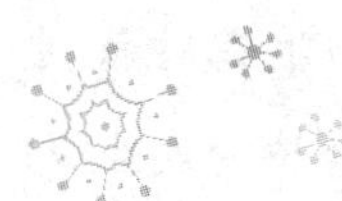

说话要适度的幽默

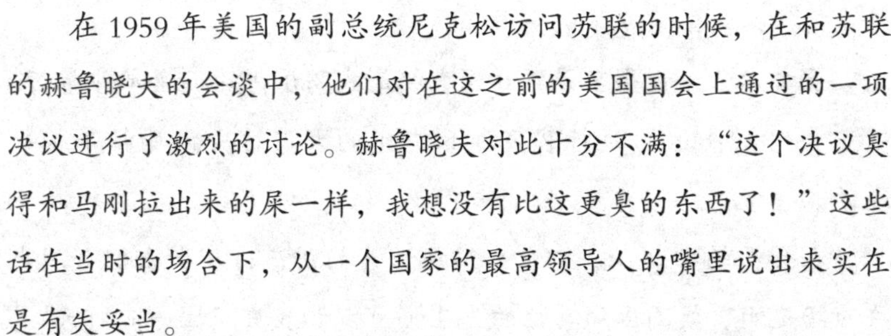

在 1959 年美国的副总统尼克松访问苏联的时候，在和苏联的赫鲁晓夫的会谈中，他们对在这之前的美国国会上通过的一项决议进行了激烈的讨论。赫鲁晓夫对此十分不满：“这个决议臭得和马刚拉出来的屎一样，我想没有比这更臭的东西了！”这些话在当时的场合下，从一个国家的最高领导人的嘴里说出来实在是有失妥当。

尼克松曾仔细地看过有关赫鲁晓夫的相关材料，知道他曾经在年轻的时候做过猪倌，因此便盯着他说道：“主席怕是说错了，有一样东西比马屎更臭，那就是猪粪。”

幽默，是语言的表达技巧之一。幽默的语言是有力量的，适度地运用幽默的语言可以让我们的表达效果更好。

赫鲁晓夫全然不顾、出口不逊，而尼克松运用幽默诙谐的语言既反驳了赫鲁晓夫的话，也委婉地表达出自己对决议的赞成和肯定。尼克松运用这种幽默的语言不但避免了两人因为意见不同而带来的矛盾和争吵，同时也化解了赫鲁晓夫粗鲁的话语带来的尴尬气氛。

适度的幽默可以建立良好的谈话氛围，让谈话双方在一个轻松愉快的环境下进行，从而促进双方的关系。

谈判专家戴里克在一次讲座中讲到这样一个故事：

在1943年英国的首相丘吉尔和法国的总统戴高乐在对叙利亚的一些问题上，两人意见相左，心中有了芥蒂。事情的发生是因为戴高乐宣布逮捕了丘吉尔非常看重的总督布瓦松。要解决这件事情，只好依靠双方的会面了。

丘吉尔法语说得不是很精通，但是戴高乐讲的英语却非常好。这是当时戴高乐的随行官员和丘吉尔的大使达夫·库柏早就知道的。

在会面的当天，丘吉尔先用法语开始讲道："女士们可以先去市场逛逛，戴高乐和其他的先生们可以和我去花园一起聊天。"接着，他便用可以让所有人都听到的声音用英语对自己的大使说道："我用法语说得还挺好的，对吧？既然戴高乐将军的英语说得那么漂亮，他也一定可以理解我的法语的。"听到他的话，戴高乐和其他人都哈哈大笑。

丘吉尔用这样幽默的开场便建立了一个轻松、良好的谈话氛围，让双方的谈判在和谐的环境中进行。

在我们运用幽默的说话技巧的时候，要注意以下几点：

1. 明确目的、把握尺度

幽默是有目的的，在通常的社交场合中，运用幽默的语言技巧，目的一般有两个：一是为了逗笑观众，让大家心情愉快，在营造出的欢快氛围中联络彼此之间的感情，办好事情；二是展现自己的才华，表现自己。所以，在这种情况下，一定要注意把握好幽默的尺度。

2. 不要草率借用英雄形象来幽默

每一个时代、每一个群体都有自己崇拜的英雄形象。在现代社会，被人们尊崇为英雄的形象，是可以维护公众利益的权威形象，切不可作为幽默打趣的对象。

对于一般的政治家，偶尔采取一些善意的幽默则是可以的。在美国，人们便经常开总统的玩笑。

3. 制作幽默时要文明、礼貌、尊重他人

在我们平时生活中，经常会有一种人，开起玩笑来不分场合、时机，甚至运用一些不文明的语言当作幽默来迎合他人。这样不仅是不文明、不礼貌、不尊重他人的表现，更是降低了自己的形象和人格。

4. 不拿不如自己的人开玩笑

站在我们自己的角度上来看，生活不如我们的人肯定有很多，假如平时谈话内容总是调侃不如自己的人，自己也难免会被人说没出息，不厚道。这样自己也会无形地被人看轻，因此高明的幽默通常都是聚焦在那些“公众”人物身上。

5. 幽默的语言要脱离一些恶俗的趣味

有一些低级趣味的人总是钻空子给周围的同事、朋友当一次“父亲”“爷爷”辈之类的人。这种现象，在相声表演中是屡见不鲜的，但是在我们平时生活中，要脱离这种恶俗的趣味，避免一些不愉快的事情发生。

6. 不拿别人的不如意开玩笑

拿别人的不如意事情、伤心事情作为幽默的材料，这是一种十分蠢笨的做法。这样不但会让人难受，更会让人觉得讨厌。

尊重他人，不随意插嘴别人的谈话

很多没有礼貌的人经常在别人正谈着事情的时候，不合时宜地随意插话，让大家不知道该怎么办才好。这种人不会提前告诉大家，他要插话了，而且他不论别人正在说什么话题，便直接把话题转到自己感兴趣的方面去，甚者直接把他人的结论说出来，以此来炫耀。以上不论是哪种情况，都会被原本在交谈的那个人所讨厌，因为随便打断别人的交谈，是不尊重他人的表现。

小雪性格外向，可是她却没有多少朋友。原来，小雪有个爱打断别人说话的毛病。一天，小雪同办公室的张姐说起某某商场冬季服装减价的事情，张姐说：“我昨天看广告某某商场冬装减价，有一件新款的羽绒服都要减价……”小雪正好刚刚去过那家商场，兴冲冲地说：“对啊，那件羽绒服就像公主一样单独摆在一个货

架上！”

张姐的话被打断了，撇了撇嘴没作声，继续接着原来的话题讲：“那款羽绒服设计得真好看，颜色也多……”小雪又说：“有雪白色、粉色、浅绿、黑色、明黄色……好多种颜色，我觉得雪白色和粉色的最好看，不过冬天穿容易脏。”

张姐看着小雪滔滔不绝地说着，无奈地苦笑了一下，转回头去处理自己的文件，而小雪却没有发觉张姐的不悦之色。等下一次小雪再找张姐聊天的时候，张姐总是借口很忙。小雪只好去找别人聊天，可是一段时间以后，大家都不愿意和她聊天了。

随意地打断他人说话，是不礼貌的行为，但是很多人却有着这样的习惯，这样便无形中破坏了自己的形象。要想让别人喜欢你，就必须要做到以下几点：

1. 不用无关的话题打断别人讲说。

2. 不用没意义的评论打断别人讲话。

3. 不抢着替他人说话。

4. 不抢着帮别人讲完事情。

话有轻重缓急，在插嘴别人说话的时候要注意，在对他人提出劝告或批评的时候也要注意轻重。是人都有可能犯错，当我们发现对方有些行为不当时，说话也要含蓄，从侧面好意地提醒下，既可以让对方明白你的意思，也会让别人对你的善意提醒表示感激。具体的注意事项如下：

1. 保全他人的面子，旁敲侧击，点到为止。

2. 在和人争论、有分歧的时候，说话要留有余地。尤其是在好朋友之间，或许气头上说出的“绝交”会让我们失去最好的朋友。此外，在公共场合说一些重话，很容易让对方变得暴躁，一旦对方情绪失控，将会对自己非常不利。

3. 对任何事情做出评判时，一定要多听、多看、多思考、不能片面听取一方的陈述，因此做出片面的判断，要从各方面进行综合的评判，这样说出的话才会让人信服。

和人交谈的过程，实际就是双方在交谈中互相了解，从而取得对方好感的过程。需要注意的是，在这个过程中我们需要在时间分寸、插嘴分寸、轻重分寸、态度分寸方面全部把握好。

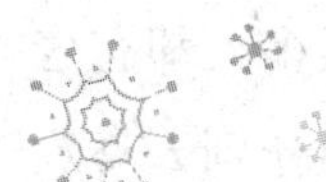

养成良好的说话习惯

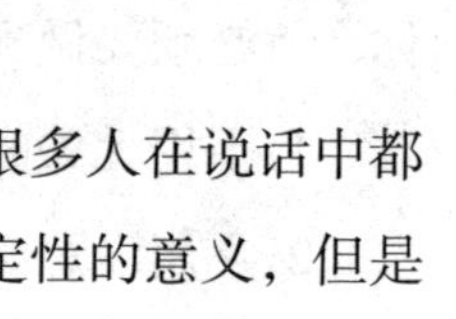

观察下我们平时的说话习惯，你就会发现很多人在说话中都存在着许多毛病。尽管这些毛病并没有什么决定性的意义，但是在很多时候要是不加以注意，谈话的效果也会受到一些影响。所以我们在平时就要养成良好的说话习惯。

1. 不用多余的套语

一些人常常在谈话中使用很多没用的套语。比如，有些人在说话的时候习惯性地使用“自然啦！”“当然啦！”一些词语；有些人习惯在说话的时候加上“坦白地讲”“老实说”这类套语；有些人经常会问别人“你知道了吗？”“你听明白了吗？”；还有些人则经常说“你说对不对？”等等一类的话。类似于这样的毛病，我们自己是很难察觉的。想要克服这些毛病，最有效的方

法就是请自己的朋友随时随地提醒自己。

2. 说话不要带杂音

一些人在说话的时候常常夹杂着很多没有任何意义的杂音，常常带着浓重的鼻音或者像是喉咙里有东西不通畅似的，还有的人会在每次开始讲话前用一个拖着长音的“唉”，就像是怕别人不知道自己要开始说话了一样。这些不好的说话习惯，只要我们想要改正都是可以改掉的。

3. 说话的时候不要使用太多的谚语

谚语本身都是非常幽默有说服力的，但是在我们平时说话中使用太多的谚语，常常会让人有一种说话不诚恳，言行浮夸的感觉，这样不但会降低语言的说服力，反而会让听众失去耐心。

4. 不要乱用流行的词语

在当今社会上流行的一些词语，也常常会被人随意拿来乱用。比方说“原子”这个词语，人们为了跟随潮流，把什么东西都加上“原子”二子，“原子牙刷”“原子字典”，“原子”这“原子”那，让人觉得大惑不解。

5. 表达不同的意思用不同的词语

有些人在说话的时候，不知道是因为偷懒还是找不到更适合的词语，抑或者是有什么其他的原因，在表达不同的意思的时候，不管一个词语本身是否含有那么多含义，总喜欢用同一个词语。比如，“伟大”一词，在有些人说话的过程中，什么东西都是伟大的。“你真是太伟大了！”“这本书太伟大了！”“今天度过了伟大的一天！”等等，这些都让人有一种言之无物的感觉。所以，我们要尽量识记一些词语，让自己的表达更加准确、生动。

6. 说话不要太琐碎

一些人在平时说话的过程中十分琐碎，这也会让听者很讨厌。比方说很多人都喜欢听别人讲述一些生动、精彩的亲身经历。但是，在有些人的叙述中，常常是没有重点的流水线似的叙述，把自己经历的事都无巨细地讲一讲，但是听者却觉得毫无重点，味同嚼蜡。

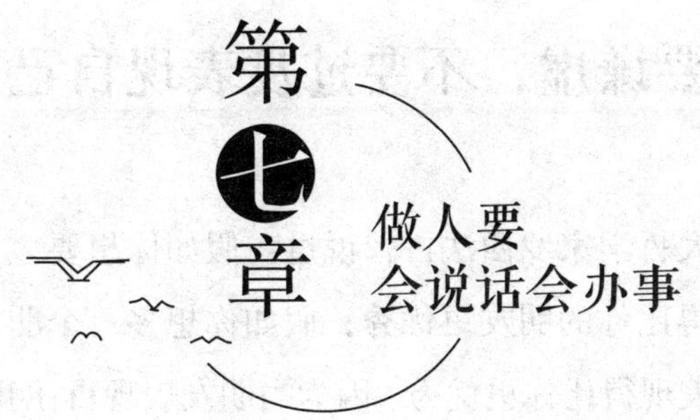

第七章 做人要会说话会办事

在我们的生活和工作中，不仅要会说话，还要会做事，这样才可以认识更多的朋友，和朋友之间的友谊才会长久维持。本章主要从适当地表现自己，做事不要太较真、不要太傲慢，和朋友相处的时候要学会主动低头、适当地请朋友帮忙、注意朋友之间的对等关系，做人做事要谦虚、平易近人、批评他人对事不对人等各方面介绍了在工作中以及在和朋友的相处中如何把事情办得更好做了详细的介绍，学会这些做事的小技巧，可以让我们拥有更多。

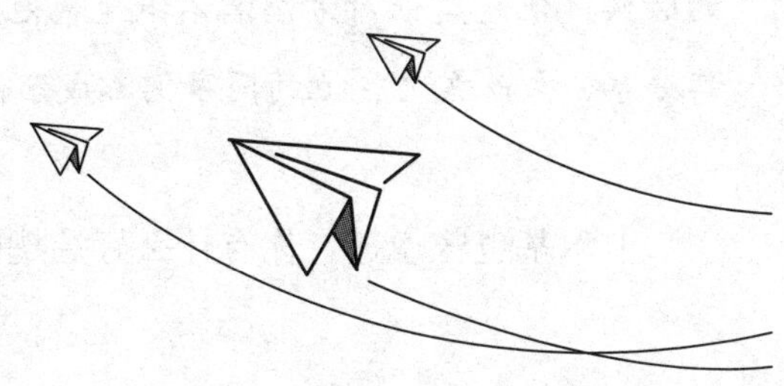

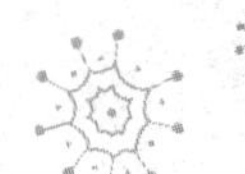

要谦虚，不要过度表现自己

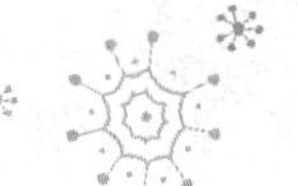

法国的大哲学家罗西法古曾说过：假如你想要多一个仇人，那么就表现得比你的朋友更优秀；假如你想多一个朋友，那么就让你的朋友表现得比你更优秀。因为当朋友表现得比我们优秀时，他们会有一种自己很重要的感觉，而当我们表现得更优秀时，他们便会感到自卑，甚至会因为羡慕和嫉妒而疏远你。

小张本来是公司的销售员工，因为自己在工作上的努力突出被升任为公司的销售经理，在他刚上任的日子里，在同事中他几乎没有一个朋友。

原来，当时小张正春风得意，对自己的机遇和才能十分满意，可以说是每天不停地向同事们夸耀自己是多么能干，有多优秀，同事们听了之后不仅没有人分享他的“得意”，而且还极不高兴。

后来，还是他当了多年领导的老父亲一语点破，他才意识到自己的错误在哪里。从此他很少在同事和朋友面前炫耀自己的得意之事。因为他们也有很多事情要吹嘘，把自己的成就说出来，这比听别人吹嘘更令他们兴奋。后来，每当他有时间与同事闲聊的时候，他总是让对方滔滔不绝地把他们的得意炫耀出来，并与其分享，久而久之，他的同事们都成了他的好朋友。

卡耐基也曾说过，你有什么好炫耀的呢？你知道你是因为拥有什么东西才没有变成白痴的吗？其实只不过是你甲状腺中含有的碘而已，假如你的甲状腺中没有了碘，你就会变成一个白痴，这一点点的碘如果你去街角的药房买，也就值 5 美分而已，一点价值只有 5 美分的东西有什么好谈的呢？

在我们的生活中总是有人炫耀自己的聪明。尽管他们思维灵敏、口齿伶俐，但是只要他们一开口讲话，就会让人觉得他狂妄自大。也正因为如此，哪怕他们提出一些较好的观点，也并不容易被人轻易接受。

这正是因为这种人太喜欢表现自己，认为自己很有能力，很优秀，希望以此获得他人的尊重和认可，但是结果却恰恰相反，这样反而会让大家都远离他。

不论是谁都希望自己成为别人关心、关注的焦点，希望多表现自己，获得他人的看重，同样，我们换个角度想一下，其他人同样如此。他人也希望通过自我表现，得到你的认可。假如你在平时的交谈中过度地显示出自己的优越性，那么便是在不经意间对对方的一种无视，自然而然的别人就会远离你，甚至是排斥你。

锋芒太露容易没饭吃——这是我们的老祖宗们经过长期的总结给我们的忠告。但凡想和朋友建立好良好的关系以及想把事情做得更好的人，都应该明白这个道理。凡是做大事的人，都应该学会“藏露”之功，甚至有时候要会装糊涂。

不怕你不聪明，就怕你太聪明。聪明过头了便是盲目，便会自高自大，便会自命不凡，这时候看上去很聪明的一个人其实已经是半个“傻子”了。

诸葛恪是三国时期的名人，他的叔叔是诸葛亮，父亲是诸葛瑾。诸葛恪从小就非常有才华，大家都认为他的才华已经超过了他的父亲。但是，诸葛瑾却非常担心，他认为：诸葛恪性情暴躁、固执，太爱表现自己，这最终会带来祸事。果然，后来诸葛恪掌握权力以后，独断独行、专横跋扈，引起众怒，被大臣联合设计，牵连诸葛家族遭殃。

拥有聪明的才智是一个人成功的条件，在一定的程度上，聪明的人拥有更多的表现机会和空间。但是在聪明人表现自己的同时一定要注意不要压制别人的表现空间，损害别人的利益，否则会引起大家的一致疏远。要是发展到了这样的状况，那么你的前途也就岌岌可危了，可能随时会被人排挤。所以，真正聪明的人一定是谦虚的，会适度地表现自己，从来不会过度地去炫耀自己。

做事不要太较真

孔子带着他很多的弟子去东边游学，路上他们又累又饿，正好看到一个酒家，孔子便让弟子冉有去向老板要些吃的。冉有和老板说明了自己的来意，老板听到他是孔子的学生后，便说道：“你是孔子的学生，那么学问肯定也是极好的，那我写个字，如果你认识，今天你们可以随便在我这里吃喝。”冉有听说之后，赶紧答应了。

于是酒家老板便写下了个“真”字，让冉有识读。冉有看后，高兴得不得了，说道：“我以为有多难呢，这个字真是太简单了，老板呀，这是‘真正’的‘真’字呀！”

出乎意料的是，当老板听到后，便大笑说道：“哪里来的小子，这么一个简单的字都不认识，竟然敢假冒孔子的学生来行骗，真是大胆。”说着便吩咐伙计把冉有赶了出来。

冉有回来之后，便把发生的事情如实地告诉了孔子。孔子想了一会儿，便亲自去见酒家老板，说道：“我是孔子，正在游学的路上，现在又累又饿，想向老板您要点吃的。”

酒家的老板看了看十分有礼的孔子，说道：“既然你是孔子，那你一定认识我写的字。”说着便把自己刚才写的字拿出来，继续说道，“如果你说对了这个字，今天小店承担你们所有的吃喝。”孔子行了个礼，说道：“正要请教。”说完，便仔细看起老板写的字，确实是个“真”字，孔子沉思了一会儿，便对老板说道：“这个字是‘直八’，对吗？”

老板听到孔子的回答，笑着说道：“您真的是孔子，您的到来真是让小店蓬荜生辉。”说完，便吩咐小二为孔子等人准备饭菜。

这时，冉有不高兴了，他问孔子：“老师，这分明就是‘真’字，怎么就念‘直八’呢？”

孔子叹了口气说：“都这个时候了，你还认‘真’，你非要认‘真’，今天就得饿肚子了。为人处世，要懂得人情世故呀！”

这里说的认真，其实应该叫作“较真”。精通人情世故的人，在对待某些人和事情方面，一定可以做到宽厚、宽容，而不会过于较真。这样的处世态度，不管是对自己还是他人，都是十分有利的。

我们也应该具有一颗不较真的心，在遇到不顺心、不如意的事情的时候，要学会宽容。例如在公共场合，假如有人不小心唐突了你，一定是有原因的，或许是因为他的一些烦心事让他情绪失控，正好被你碰上了，如果他的行为不是恶意伤人、侮辱尊严，我们要学会宽容大度，大可不必和他过于较真。

我们本来就和一些人没有什么关联，所以也没有必要和他们较劲。如果真的较起真来，大动干戈，引起一些惨重的后果，实在是不值得。聪明的人从来不会和一些陌生人较真，如果对方没有文化，和他们较真岂不是也把自己放在了和他们同样的位置上，实在是很失身份。

此外，从另外一个层面来讲，对方对我们的冒犯是一种宣泄和转移他内心的痛苦的方式，尽管我们并没有义务和责任来帮他分担他的痛苦，但是我们却用自己的宽容来帮助他，引导他，也是在不经意间做下了一件好事。这样换个角度想一下，我们也会是高兴的。

一个人要做到真正的待人宽容、遇事不较真，也不是一件容易的事情。这需要我们首先具备较高的素质和涵养、通情达理，并且需要我们懂得换位思考。在平时多一些体谅和理解，也就会多一些宽容、和谐和友谊。

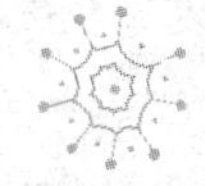

做事要谦和，千万不要太傲慢

在中国的礼仪中，很多时候在我们对人说“不”的时候，是因为礼貌而客气的拒绝，这并不是真正的拒绝。在我们平时的生活中也经常会看到这样的现象：他人送给我们一份正好我们很想要的礼物，但是我们也会在面子上表示一下拒绝。这其实是一种礼貌。

在周世宗柴荣死后，由他 7 岁的儿子柴宗训继位。当时的大将军赵匡胤也就是后来的宋太祖见到这样的情况，便想夺取政权。当时正赶上边境有敌军侵扰，赵匡胤受命抗击敌人。

在他受命的晚上，赵匡胤便带着军队驻扎在了陈桥驿。到了第二天天刚亮，赵匡胤的酒还没醒，他手下便有几个将领进来，把提前准备好的黄袍穿在他身上，拥护他为新的天子。而且将领们都劝说他立刻带兵回京。

赵匡胤没有办法，只好应承说道："你们想要我做皇帝，那么我说的话，你们都听从吗？"将士们表示会绝对服从。赵匡胤便继续说道，"既然如此，那在我们拿下京城后，不可以侵犯太后和幼主，也不可以伤害朝廷的大臣，更不许抢掠国库。"大家都说赵匡胤是一位仁慈的好皇帝。

因为京城中有石守信、王审琦等人给赵匡胤做接应，所以他很轻易地就占领了京城。随后，赵匡胤为难地对宰相范质和王溥说道："世宗对我的恩义你们二位是知道的，现在，我被将士们逼迫，我该怎么办才好？"还没等两位宰相开口，一旁的将领便大声说道："我们不管，我们今天一定要请赵匡胤做新的皇帝！"两位宰相赶紧向赵匡胤跪拜起来。

从史书的记载来看，好像赵匡胤是被逼迫做的皇帝，他本身并不情愿，但是在后来的"杯酒释兵权"中，他曾说："如果没有各位，我做不成天子，但是自从我成了天子之后，便没有睡过一个好觉，每一个人都想要权力财富？假如有一天你们的部下同样地对你们黄袍加身，哪怕你并不愿意，但也会身不由己呀！”很明显，这些话表明他还是很愿意做皇帝的，但是为什么他却要摆出自己并不是很愿意的样子呢？这就和我们在送礼时的客套是一样的。假如赵匡胤一上来就非常乐意地答应了，怕是很多人心里便不会认为他是一个仁义的人了。而赵匡胤利用“黄袍加身”的“无奈”顺理成章地做了天子，同时他善待前朝的天子和朝臣，人们自然也就觉得他很仁义了。

做人就需要谦虚一点儿，不要觉得自己很了不起。

有一个年轻人，从小对机械维修特别感兴趣，并且通过自己的学习，解决了很多别人解决不了的难题。在他毕业参加工作后，很多师傅都难以解决的问题，只要有他在，很轻易地就会解决。因此他一直觉得自己能力了得，十分了不起。每次有问题出现，他都会说道：“还是我来吧，恐怕也只有我才可以快速地解决这些。”最后弄得很多同事都十分讨厌他，后来他被领导以“没有团队意识”给解雇了。

不管是在我们的生活中还是在我们的工作中，哪怕真的只有你自己才可以解决的事情，也要学会谦虚一点，也要学会照顾一下别人的颜面，说话做事太傲慢，是不会被人喜欢的。

贺若弼是隋朝有名的大将，他出身将门，在消灭陈国的时候立下了汗马功劳。在陈灭亡后，贺若弼被封为宋国公，就连他的家人

也都跟着封侯列将。慢慢地，贺若弼越来越骄傲，觉得自己很了不起。

一次，隋炀帝杨广问贺若弼："杨素、韩擒虎、史万岁这三个大将，他们有什么优缺点呢？"贺若弼答道："杨素只有匹夫之勇；韩擒虎会打仗但不擅长带兵；史万岁不过就是会骑马而已。"杨广说："如此说来，那么谁是真正的大将之才呢？"贺若弼答道："这就要看陛下您的眼光了。"意思就是，真正的大将就在您的眼前。这些话不仅不顾及同僚的颜面，同时也让隋炀帝对他产生了戒心，最终贺若弼被杨广杀死。

哪怕自己再厉害，也没必要到处宣扬，这是做人应该懂得的人情世故。此外，在我们平常和人交往的时候，也应该谦和一些，该客套的时候也要客套一下。当别人对我们提出赞美的时候，要适当地谦虚一些，要及时感谢对方的赞美，千万不要认为这是理所当然的。不管是我们说话还是做事情，都要谦和，不能过于傲慢。

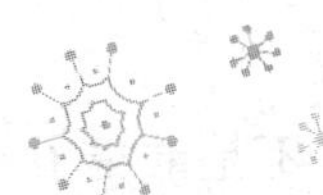

面对错误，首先低头

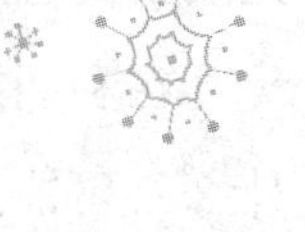

人都有犯错误的时候，特别是那些性格外向的公众人物，他们出现在大家的视野的机会比较多，犯错后让人们发现的概率也就大大增加了。按道理来说，犯错了，就应该主动承认错误。

但是在实际生活中，却并不是这样的。尤其是身份地位越高的人，就越不会轻易主动认错。在人们犯错误的时候，很多人的第一反应便是隐瞒或者否认自己的错误，更甚者还会颠倒是非。

能主动坦诚地承认错误，说声“我错了”的人是很少的，因为很多人认为，主动认错是很没有面子的事情。

其实，当我们在某些行为上有不妥之处或是做错某件事情的时候，最好的办法应该是抓准时机，及时为自己的错误表示歉意，而不是争辩和隐瞒，更不是推卸责任。

当我们自己犯了错误，不是想着去勇于承担，而是想着怎样去隐瞒，这样只会让事情越演越烈。做人应该忠厚一些，既然做错了，就要坦然面对，这样在别人看来你这个人才会更诚恳、可靠。

当然，如果我们并没有做错什么事情，而只是因为误会被他人指责，我们在面对这些无中生有的诬陷的时候也要会为自己辩解，在误会刚开始的时候我们为自己辩解也要适度，如果太激烈也可能会引起大家强烈的反感。

懂得人情世故的人会适时适当低头，坦诚自己有欠妥当的方面，以此来获得大家的原谅和理解。

实际上在很多的时候，特别是在朋友之间，我们最在乎的就是朋友的态度而并非事情的本身。

在和朋友之间有冲突出现的时候，很多情况下并不是谁犯了什么不可饶恕的错误，朋友之间互相指责、生气并不是因为对方所犯的错误，而是对方对待错误的态度。

所以，在朋友指出你的错误的时候，我们应该在合适的时机承认错误，这样可以让我们很容易得到他人的谅解；在我们和朋友的关系因为某些事情变得僵持时，我们如果可以首先低头，我们彼此的关系或许会更进一步。

即使我们和朋友认识的时间已经很长，关系也很铁，也难免会有冲突发生，在这个时候，为了让我们之间的关系不再恶化，我们最好的办法就是首先低头，主动表示自己的歉意。

在有冲突存在的时候，首先低头，道个歉是缓和气氛、挽回我们友谊的最好办法。相反，如果我们为了自己所谓的面子，连一句道歉的话都不想说，久而久之，我们的矛盾得不到解决，最终可能会失去人生中的一个好朋友。

不管在什么时候朋友之间有矛盾产生，总得有一个人先低头，否则，对我们彼此之间的关系是很不利的。可能你要说：既然这样，如果我先道歉，不就是表明是我做错了吗？如果你这样想，你的朋友也这样想，最终，两个人的关系也很难继续下去了。

我们应该学会互相谅解。假如你可以体谅对方，能够理解对方的想法，首先低头，那么两个人很快就会和解。

当然，在一些原则性的问题上，我们需要的是多沟通，而不是生气、指责。我们需要坐下来，心平气和地把这些不必要的问题讲清楚。

首先低头并不是什么有损面子的事情，相反，它可以让我们更好地获得他人的谅解，也可以让我们与朋友之间的友谊继续长存。

平时和亲戚朋友多联系，关键时刻才会有人帮

现在有很多这样的现象，在人们年轻的时候，身边有许多的朋友，大家会经常相聚在一起喝酒聊天，十分快乐。每当喝到了

最高兴的时候，一起动情歌唱，甚至还会泪流满面。

这个时候，不管是谁遇到什么困难，朋友们相聚在一起互相帮忙，共渡困难。人们几乎每天都会认识新的朋友，互相倾诉着自己在工作、生活中的不如意，大家互相鼓励、提出一些解决问题的办法。

渐渐地，随着我们的成长，在家庭和工作的双重压力下，我们每天辛辛苦苦、早出晚归，忙完工作忙家庭，突然一天发现，在我们的身边似乎没有一个朋友的身影了。

从前关系最铁的哥们好友，都各自忙着，不要说见面，就是电话也很少有空打了，就算是偶尔有个电话，也会是一句“很忙，下次再约”。就这样，可能一两年大家都没能见过一面。

当好友再见面的时候，言语中也会多了很多的生疏和客套。因为近年来没有交集，大家各自生活在自己的生活圈，彼此之间缺少了很多共同的话题。为什么会出现这样的情况呢?

我们回想一下，是不是在自己给朋友打电话过去之后，对方态度不冷不热，因此便不再互相联系。其实，这就是朋友之间互相疏远的最重要的一个原因——平时联系得太少了。因为平时没有联系，在情感上没有互动和交流，所以在我们需要朋友的时候，身边竟一个人都没有。

每一个人身边真正的朋友是需要我们用真心去对待的，只有当我们付出了自己的爱和关怀的时候，才会有真正的朋友一直在我们的身边。因此，朋友之间是需要经常联系的，这样才可以让我们之间的友情更长久。反之，朋友之间从来都不联系，朋友之间的友谊也会逐渐消失。

因为工作需要，小张一家人搬离了一直以来的城市来到了另外的一个城市。刚来这里的时候，因为认识的朋友不多，再加上工作比较繁忙，几乎每周都是周一到周五忙工作，周末和家人在一起。

因为工作和家庭的原因，小张基本没有什么时间和朋友相聚。但是小张清楚明白，朋友之间如果不经常联系，慢慢地关系就会变淡，最终也会成为熟悉的陌生人。因此，他便经常和朋友打电话，哪怕只是随便问候几句，他这样做只是为了时刻保持和朋友的联系，让朋友记得自己。这样的话，但凡自己有什么需要帮忙的事情，朋友就会立刻过来帮助自己。

小张这样平时和朋友多联系，比突然有事再打电话给朋友要好得多。平时的时候，和朋友打打电话，随便聊几句无关紧要的事情，这也是会做人、会做事的一种表现。

现在我们可以想一下，假如我们平时和朋友之间不经常联系，突然你遇到了一些棘手的事情，请朋友帮忙，这个时候，大部分人都会认为：你平时也不联系，有事了才想起我来，真是过分！

尽管这个时候朋友没有拒绝你的请求，但是对于朋友的内心多少会有点不舒服。所以，我们在平常的日子里要多和朋友联系一下，以此来增进彼此之间的感情，让朋友感受到我们的关心。

然而，随着现代生活节奏的加快，我们很多人都是有事找朋友，没事的时候却很少能想到朋友。或许你也有过这样的经历：当你遇到某个问题的时候，知道只有某个朋友可以帮你，本来想去找朋友来帮忙，但是当去的时候却发现彼此已经很久不联系了，突然有事了再去找朋友，因为害怕拒绝而却步。能有这样的想法，表明了你还懂得一些人情世故。朋友间相处，我们就应该做到：平时多联系，有事才会有人帮。

认识一个朋友很容易，但是想要维护好这份友情却并非易事。现在的人们生活繁忙，很少有时间和朋友经常相聚，时间一久，本来良好的关系也会逐渐变淡，这些都是很可惜的。我们要学会珍惜朋友之间珍贵的情谊，就算再忙，也要经常联系。要知道，只有平时多联系，关键时刻才会有人帮。

偶尔请朋友帮帮忙，改善自己的人际关系

周末的时候，小李要到外地去看望一个朋友，可惜的是，他的汽车却出现了故障。他的朋友小张知道后，便说自己可以开车去送他。但是小李不想麻烦别人，就拒绝了小张的帮忙。从这以后，小张对于小李的态度总是不冷不热。小张这样的改变，让小李觉得很郁闷，不知道自己哪里得罪了小张。

过了一段时间，小李因为要去外地出差，这样，他家里养的狗狗就没人照顾了，这个时候，他突然想起小张也非常喜欢狗狗。于是，小李便给小张打了一个电话表明了自己的意思，希望小张可以暂时帮他照顾下家里的狗狗。小张听完后，表示自己十分高兴可以帮助他。

自从小李请小张来帮自己的忙后，他发现，他们之间的关系又递进了一层。

有心理学家曾经表明，每个人都很喜欢被别人需要，在别人请求自己帮忙的时候，我们就会有一种被重视的感觉。通常我们在追求幸福的道路上，更多的是对我们所“需要”的关注，而“被需要”经常被我们忽略。“被需要”在一定程度上反映了我们的幸福程度。因为“被需要”证明了自己的存在感和重要性，只有我们被他人需要，我们才会觉得我们是不可或缺的，才会让我们的人生更有意义。

当我们不被别人需要的时候，我们的内心就会充满失落感，觉得自己没有什么用处。从另外一个角度来考虑，我们每一个人的生活，不仅是为了自己，也是为了别人，为了被别人需要。

同样的“被需要”用在朋友之间的友情上，也会让我们的感情增温不少。聪明的人可以很好地利用被人需要的这一心理需求，通过请他人帮帮忙，来改善自己的人际关系。

美国著名的政治家杰明·富兰克林年轻的时候，靠着自己的聪明才智，不仅建立了一家小型印刷厂，还获选为弗城州议会的文书办事员。但是，他却受到了一位既有钱又有能力的议员的敌视，这位议员不喜欢富兰克林，还曾公开辱骂他。这种情况对富兰克林的前途很不利，因此富兰克林便想办法改变这种情况。当他听说这个议员的图书馆里藏有一本稀奇又特别的书时，他便想到了一个好办法。他给这个议员写了一个便条希望可以借阅一下这本书，议员很快便让人把书送了过来。当富兰克林把那本书还回去的时候不仅向那位议员表示了自己诚挚的谢意，还向他请教了几个书里的问题。此后，事情发生了根本的好转。当他们再次在议会厅相遇的时候，议员竟主动而有礼貌地和他打招呼，这在以前是根本不可能发生的。从那以后，议员也很乐意帮他的忙，他们还成了好朋友。

我们要维护好我们的人际关系，学会请求朋友帮助是非常有必要的。

当然，做什么事情我们都要掌握一个度，具体问题具体对待，不能笼统而论。偶尔请朋友帮个忙，可以更好地促进朋友之间的关系，但是这并不表明着我们可以经常使用这样的方式，如果使用得太频繁，那便是透支我们的人情，这样反而会让朋友疏远自己。

真正的社交高手，会懂得利用偶尔请朋友帮个忙，来增进彼此之间的感情，但是他们却不会过于频繁地使用，更不会让朋友做一些力所不能及的事情。在我们运用每个人“被需要”这一心理来增进彼此关系的时候，一定要掌握好尺度，切不可一味地乱用，否则也会适得其反。

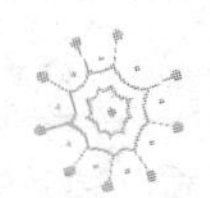

朋友之间的关系一定要对等

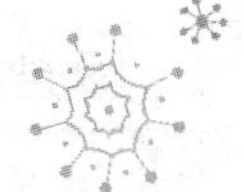

在我们交朋友的时候，一定会首先选择那些同样也喜欢我们的人，这就是朋友之间的对等关系。一般来说，朋友之间的交往需要遵循对等定律。在当今这个社会，人们的交往大部分都是一种对等的结合。大量的事实说明了，只有处于对等关系的朋友，他们的友谊才会长久持续，反之，朋友之间的关系就会不稳定。每个人都希望自己可以认识一个好朋友，就算能力不如自己，但至少和自己相差不远。假如我们认识的朋友并没有什么优势，对我们也没有任何帮助，那么双方之间的友情也会逐渐淡去。每个人都希望自己认识的朋友可以在一定程度上帮助自己，至少是可以支持自己的。这是每个人在认识新朋友的时候内心的标准。假如对方并没能满足我们内心的这一要求，那么双方之间就很难继续交往下去。尽管这样看起来有点儿功利，但是在我们寻找新朋友的时候，我们的内心会明确地告诉我们：我们需要什么样的朋友。因而每个人都在寻找有对等关系的交往对象。但是，在现实社会中，完全的对等关系是很难存在的。不管是谁都希望自己可以交到最好的朋友，因为这样对自己来说更有利，关键时刻对自己的帮助也会更大，所交往朋友的身份、地位较高，越让自己有脸面。很明显，在现实生活中，这样的愿望是很难实现的，所以，人们便开始变相使用对等定律，于是就有了同等价值的交换。例如，一些人不管是在自己的学识上还是身份地位上，都很普通，但是人却长得十分帅气或漂亮，就可以交到身份显耀的朋友，其实，这就是一种对等。一个人在各方面的条件都十分普通，就因为长相出众，也会受到很多人的喜欢。从经济学的角度来看，美貌其实是一种稀缺资源，不同于学历，通过后天的努力和勤奋就可以得到，相貌是天生便决定的，是没有办法改变的。

我们可以利用这些先天的优势来弥补一些后天的不足。因此，在人际交往中，先天的优势和通过后期努力得到的学历、文化、身份、地位等便具有了相同的价值。所以，它们可以作为对等的交换关系，彼此之间的交往可以长久的持续。

相反，如果先天优势不足，我们便可以通过后天的努力来弥补，以此来达到对等的交换条件，来认识更多的好朋友。

尽管对等定律普遍存在我们的人际交往中，但是也有一些特殊的对等关系存在。比如，一些人可以超值发挥，突破一般的对等定律，从而获得持久、稳定的人际关系。这就和体育运动中的跳水、跨栏等运动员一样，只要我们身上具备一种属于稀缺资源的品格，仅仅一点便可以得到很多人的喜爱了。

特殊的对等关系是真实存在的，实际上，一些具有真正价值的对等关系中，特殊对等占很大的一部分，这些特殊对等对双方关系的长久发展具有很重要的意义。

当然，在每一个交往的开始，双方建立的基础大部分都是建立在普通的对等关系上，伴随着时间的不断增长每个人也都发生着改变。比如，一些人成功了，在社会上的地位也有所提升，一些人不仅没有什么大的提升，甚至还会出现一日不如一日的现象。

一个一般的人，想要和一个相当成功的人成为朋友，从他自

身的角度出发，很难找到可以和对方建立对等关系的条件，但是如果我们换个角度来考虑，找到对方的某一特殊需求，然后超值发挥，这样建立一种特殊的对等关系，我们也是可以成功地和对方成为朋友。

不管怎么样，只要我们具备的某一种特殊价值能触动对方，不管是和对方风雨同舟，还是双方能够互相尊重、理解，我们都不能停止进步。

我们首先要做的就是要提高我们自己。不管是在学历、地位、气质还是在自己的品位和成就上，我们都要抓住任何一个机会让自己更进一步。这样我们才可以得到更多的朋友，并能够让朋友之间的关系更加持久。

另外，尊重我们任何一位朋友，不能因为一些朋友眼下的境况糟糕而看不起朋友。假如我们在这个时候对朋友落井下石，或许我们失去的不仅仅是这一个朋友本身，甚至会失去特殊的稀缺资源，这对我们人际关系的发展没有一点儿好处。

每一个人都应该注意的是，不论是谁都是在不断地变化着。我们每一个人都应该不断地努力，时刻注意提升自己，避免因掉队、落后，而失去一些要好的朋友。

做人切莫得意忘形

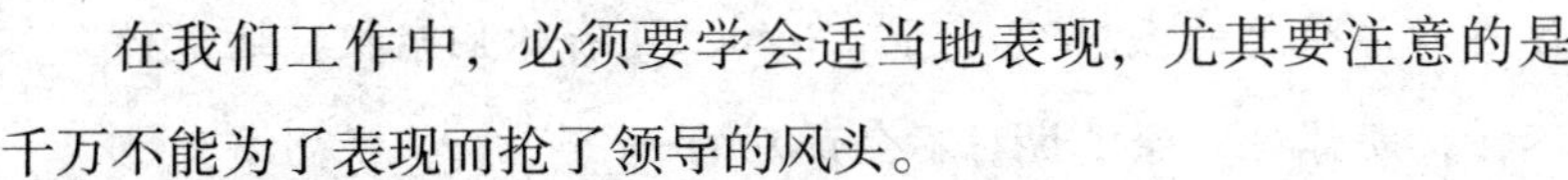

在我们工作中，必须要学会适当地表现，尤其要注意的是千万不能为了表现而抢了领导的风头。

有些场合，比如和客人应酬、参加宴会，要适当地突出领导。作为下属，不要张罗得太积极，例如和客人认识，不管领导是不是在场，便主动抢先上前打招呼。这样突出表现自己太多，会让上司没有表现的机会，往往也会引起领导的反感。现实生活中，我们应该懂一些人情世故，知道哪些事该做，哪些事不该做，把握好适度的原则，而不要越位。这样，才能和别人更好地相处，并得到他人的信任和赏识，在个人事业的发展上也会少些不必要的阻碍。

当然，表现自己也是必要的，但是我们一定要分场合，抓时机，在适当的时候适当地表现自己，这样便可以事半功倍。在不该表现自己的时候，就要收敛自己的行为，尤其是在领导在场的时候，更不能越位抢领导的风头。

一回到家，王太太便十分生气。王先生看到自己的妻子脸色不好，便问怎么回事。王太太听到丈夫的话，则更是生气，便说道："都是你，你还好意思问怎么了？"王先生更加不解了，说道："我？我今天也没做错什么呀？"王太太生气地大喊道："你还有脸说没做错，你今天可真让我丢人。"

王先生更加不明白了："今天我陪着领导一起去你们公司参观，你老公是老板身边的红人，怎么会让你丢人呢？"

王太太听后则是更生气了："当然丢人了，你知不知道，我告诉我们同事你是机械工程系的高才生，是这方面的专家。但是，你看看你今天的表现？一问三不知，还有你们老板，还说什么都不懂，而你呢，除了说对不会说别的……"

王先生听完后，笑了起来："就这么一点儿小事，你也值得生气呀？再说了我们老板本来也是这方面的专家，就算现在过时了，他还是我的领导，再说了他一直对我都非常重视和照顾，我也总不能不给他留点面子吧！"

不得不说王先生就很懂得人情世故，听到他说的这些话，让我们知道王先生是一个懂得感恩的人。这样的人，领导肯定是非常喜欢的，他常站在领导的身后，默默地付出，不突出表现自己，给足了领导面子，在自己的事业上一定会十分顺利的。

假如老总真的是什么也不懂，王先生便可以代替领导解释下，这样可以避免领导的尴尬。但是，就像王先生说的："领导本身就是学这个的高才生。"如果自己还抢在领导面前说，便会让领导没面子、不高兴，气氛会更尴尬，领导也会不高兴。

做人切莫得意忘形，尤其是在职场中。当我们有了一定的成就的时候，要时刻谨记是谁给了我们舞台，可以施展自己的才华，这样我们在职场的发展才会更顺利和长远。

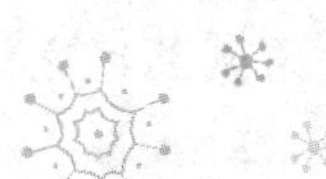

做人应该平易近人，切莫盛气凌人、摆架子

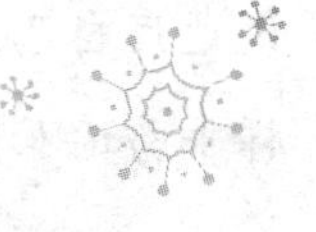

不论是谁都不喜欢盛气凌人、好摆架子的人，而是喜欢平易近人、和蔼可亲的人。平易近人的人一般都是有修养、品德高的人，他们会尊重每一个人，因此人们也喜欢这样的人。

一些人，在自己稍微有点权势的时候就开始摆谱，自以为了不起，认为自己大小是个领导，一定要有领导的样子。这样做虽然有一定的威严，但是却让人们敬而远之。

真正懂得人情世故的人，肯定不会这样做，他们是平易近人的，从不显摆自己作为领导的架子。他们可以和人们相处得非常融洽，这样的人常常更能得到人们的拥护。

在林肯竞争美国总统的时候，收到过一个叫斐德尔的小女孩的来信，信中说道："林肯先生，假如你可以让你的胡子长一些，一定会变得更好看。"林肯看过信后，便遵照小女孩信里说的，开始留起了胡子。

在林肯当选总统后，他到斐德尔生活的城市演说，小女孩也来到了演讲现场。在林肯演讲完以后，他说道："我现在十分想见一下斐德尔小姑娘，不知道她来了没有，我之所以留下胡子就是因为她对我的建议。"

斐德尔听到林肯的话，挤了到林肯面前。林肯笑着对她说："小姑娘很感谢你的建议，你看，我现在是不是好看多了？"林肯边说边用自己满是胡子的嘴轻轻地吻了小姑娘的脸颊。看到总统这样平易近人，人们高兴地欢呼起来。

真正的平易近人表现出来的是一种真诚和朴实，可以给人一种平等的感觉，所以人们尊重这样的人。

在我们的工作中，如果领导人可以做到平易近人、不摆架子，员工也会更喜欢他，更支持他的工作。

一个公司经理对下属很严厉，因此同事们称呼他为“雷公”。一次，一个同事刚出差回来，没有看到他人，就冒失地对同事说：“‘雷公’不在吗？”同事们都默默无言。

这个同事觉得大家很奇怪，突然发现经理正和客户在一边谈生意。经理肯定听到他的话了，这个同事心里很不安。在客户离开后，经理走到他的身边，笑着说道：“‘雷公’在这里，你找我有什么事情？”

职员听到后很不好意思，向经理表达了自己的歉意。经理不在意地说道：“好了，我不会生气的，要是生气，不早就被你们气死了。你们真以为我不知道你们在背后是怎么称呼我的吗？不过‘雷公’也是讲理的。”

同事们听到后都不好意思地笑了。在这以后，员工们对这个经理更加尊敬了。

一个爱摆架子的人很难得到真正的朋友，这样的人往往只看到自己的优点，看不到自己的缺点。他们为人自大、高傲，像这样的人，我们很难做到和他们有效地交流。

一些人作为领导认为只有让别人怕自己才可以体现出自己的地位，而有些人则是和下属打成一片，非常平易近人。短时间内，看上去这两者没有什么区别，因为人在压力下也可以产生强大的力量，当领导提出要求“必须完成，否则就离开公司”时，也可以激发出员工的潜力，可以顺利完成工作。

但是，时间一长，强大的压力就会带来很多的负面影响，例如为了逃避责任，员工会想办法掩盖错误，对于那些能力卓越的人，则会转身离开，有实力的人是不会愿意留在这样的公司的。时间一长，公司也会变得衰败。而平易近人的领导，会替公司营造出和谐的气氛，公司的员工也会全力支持公司的发展，努力地工作，因此公司的前景也会越来越繁荣。

在工作中，批评人也有许多需要注意的地方，一般批评的是地位不如我们的人，在提出批评的时候，做到对事不对人，用事实来说话，不针对下属的人格和尊严提出批评。例如，“你脑袋真是进水了！”“你是不是有病呀！”“这种问题也会出现？”等等这些话是千万不能说的，否则的话你也离被辞职不远了，因为没有一个公司会让一个群众基础不好的人做领导。

“小罗，你到我办公室来一下！”销售部经理“啪”的一声挂了电话，让本来和同事有说有笑的小罗一下子心惊胆战，忐忑不安地走进了经理办公室。

“你这个月的销售成绩怎么这么差啊？你看看人家小郑，刚来两个月，工作业绩就是本月的第一名。你要知道我能让你拿这么多的工资，我也可以让别人拿的比你更高！再这样下去，你这个销售冠军还能坐多久？”还没等小罗开口，坐在老板椅上的经理就开始不停地数落起来，顺便把一叠厚厚的报表扔在小罗面前。

“经理，我……”小罗本来想趁现在这个机会和经理好好地沟通一下这个事情。

“好了，你别再辩解了，你回去好好想想。我再给你一个月的机会，要是下个月你的业绩还不能提升，那我就要扣你的年终奖金了。你先出去吧。”经理不耐烦地示意想继续说话的小罗离开。

满脸委屈的小罗无奈地走出经理办公室。一想到经理那架势和说过的话，小罗心里就不舒服。自己从公司创业到现在一直任劳任怨地开发新客户、巩固老客户，拓展了公司近30%的现有市场。客户的投诉率一直保持在全公司最低，年年被评为优秀员工。这个月小罗被经理分派到刚开发的新市场，客户数量不多，但与前期相比客户数量正以10%的速度扩充。再加上本月由于公司总部发货不及时，有很多客户临时取消订货单，销售额与成熟市场当然不能相比。而小邓是新员工，一开始被安排到原有的老市场，客户源稳定充分，客户关系网坚固牢靠，形势大好，业绩自然很好。小罗觉得经理只看数字，不问事实，心里委屈也是理所当然的。

因为经理不听小罗的解释，让小罗心里很委屈，这样做甚至会影响到小罗的工作热情。

作为上司对下属提出批评时不能有因为我是领导，所以我说什么都是对的这样的想法，这样只会让自己和下属的关系变得越来越不和谐。

批评下属时要做到对事不对人，要客观的分析原因，不能一味地否定下属。遇到下属做错事情的时候，一定要掌握好批评下属的讲话艺术，这样不但可以稳定下属和自己关系的发展，也有利于提高下属工作的积极性。

掌握好对事不对人的原则，可以让我们避免遇到烦恼。针对事情，不掺杂我们任何的感情在里面，对或错都是非常清楚明白。“对事不对人”反映的是作为领导人公平、客观的处事原则，这样的领导人也是会受到人们的支持和拥护的。

在提出批评的时候，不要说对方的能力不足、为人愚蠢，我们换一个角度想一下，如果有人这样说我们，我们自己是什么样的心情呢？尽管事情都是人做的，但是我们还是要注意，对别人提出批评时，一定要针对事情本身，这样才会让对方清楚地明白自己哪里做得不对，也更容易让对方接受批评。

在提出批评时，一定要尊重对方的人品和尊严。把事情和人品要分离开，说事情的时候也一定要注意不要让自己被一些消极情绪所控制。否则的话，不仅对方不接受你的批评，还会让别人埋怨自己。在我们对他人提出批评的时候，最好是在一些相对封闭的空间，避免在公共场合进行批评，一定要给他人留足面子。

批评的艺术在于批评而并不是伤害对方，既要让对方意识到自己的问题是什么，又要顾及别人的情绪和脸面。这样，批评才更有意义。

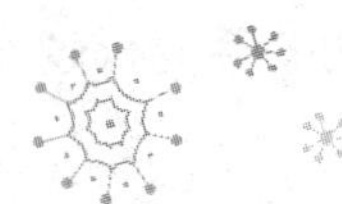

说话也要三思而后行

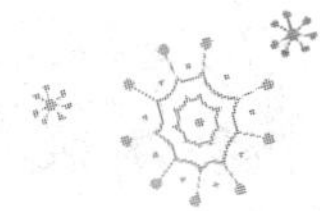

说出去的话有如泼出去的水，许多话一旦对他人造成了伤害，这种精神上的打击将会成为他人心里永恒的疙瘩。

多说不益，必自毙。言多必失，一个人在夸夸其谈的时候，总会不经大脑抛出一些惊人的语句。无意间就会伤害到听的人。开口讲话前，大脑一定要迅速过滤一下再讲出来，谨言慎行总不会错。

叶曼的书中曾经提过这样一个问题：一位已有 7 年工龄的女士说，她说话做事向来直爽，有什么说什么，但也常因此得罪人，可她本意并没有想让人家难堪，她觉得为人处世真的好累。

叶曼的回答大致是这样的：就算是直接的人也不会当面把对方的缺点直截了当地指出来，通过贬低他人来满足自我的优越感迟早会让自己的形象大打折扣，渐渐地，身边的人都会远离你。我希望你不是这一类人，并且你也不会期许成为这一类人。

确实，稚气的人总喜欢为自己找借口，我们总能听到别人或者自己就经常说：我这个人说话就是太直了，我不懂怎么圆滑地讲话。实际上这些话就是在埋怨：社会怎么这样，就不知道要迎合我一下吗。这就表明这个人很幼稚，不豁达。而一个成熟的人知道如何大度，知道如何讲话。

拥有“未来总理”之称的政治家约翰·布洛戈登，原本是 2007 年被选为澳大利亚总理的最佳人选，可他却在竞选几周前的一次宴会上，因为高兴过头，一下子把自己灌醉了，结果洋相百出。先是和女人调情，再是嘲笑巴尔的夫人是“邮购新娘”。

巴尔的夫人曾是位有名的商人，在澳大利亚的政界有极高的名望。巴尔表示对布洛戈登那些侮辱性言语无法原谅。总理霍华德也激烈地训斥了布洛戈登的言行。

不论事实怎样，话要出口前，不要贪一时口快，给人留有余地，也是在给自己留退路。

小慧是一家企业的文员，她平常不会说很多话，但只要一开口，绝对“雷”到人。一次，一位同事穿了件新衣服，大家都夸赞她穿得很不错，可是当同事问到小慧时，她却脱口而出：“你该减减肥了。这衣服显得你更胖了，还是别穿了。”此话一出可是把整个办公室的人都僵住了，每个在场的人都变得很尴尬。所以也怪不得大家后来事事都把她排开在外。

让人当众丢脸，是会被人唾骂的。在背后下刀更是不可饶恕的。就算为人直接，这也不能成为一个人口不择言的挡箭牌。例如，你去医院探望亲戚，你知道他病情严重，但他不知情，你要是一股脑儿告诉了他，他家里人不埋怨你才怪。

说实话是要分场合的，成熟的人应该具备分辨是非的基本能力。还有，对一件事只是一知半解的时候，不要在那胡乱讲话，看起来好像很博学的样子，这些装样子的说话方式，只能震慑到刚认识你的人，时间久了，大家都会知道你是什么样的人了！